심리학으로 말하다

퍼포먼스

심리학으로 말하다
퍼포먼스

초판 1쇄 발행 | 2021년 8월 10일

지은이 | 스튜어트 T. 코테릴
옮긴이 | 정지숙
펴낸이 | 조승식
펴낸곳 | 돌배나무
공급처 | 북스힐
등록 | 제2019-000003호
주소 | 01043 서울시 강북구 한천로 153길 17
전화 | 02-994-0071
팩스 | 02-994-0073
홈페이지 | www.bookshill.com
이메일 | bookshill@bookshill.com

ISBN 979-11-90855-09-9
979-11-90855-00-6 (세트)
정가 13,500원

• 이 도서는 돌배나무에서 출판된 책으로 북스힐에서 공급합니다.
• 잘못된 책은 구입하신 서점에서 교환해 드립니다.

09

심리학으로 말하다

PERFORMANCE

퍼포먼스

Stewart T. Cotterill | 정지숙 옮김

스튜어트 T. 코테릴 Stewart T. Cotterill은 영국 AECC 유니버시티 컬리지AECC University College에서 건강, 웰빙, 퍼포먼스 학과의 학과장과 퍼포먼스 심리학 자문 위원을 맡고 있으며 영국 심리학회British Psychological Society의 공인 심리학자이자 건강전문가위원회Health and Care Professions Council에 등록된 심리전문가이다. 스포츠에서 의학에 이르기까지 다양한 퍼포먼스 분야의 폭넓은 임상 경험을 갖고 있다. 최근의 연구 분야는 퍼포먼스 심리학, 스포츠 리더십, 압박감 속에서의 팀 퍼포먼스를 결정짓는 요인 등이다. 저서로는 『퍼포먼스 심리학』, 『팀 스포츠 심리학』, 『스포츠 및 운동 심리학: 임상 사례 연구』 등이 있다.

정지숙은 성균관대학교에서 영어영문학을 전공하고 이화여자대학교 통·번역대학원에서 번역학 석사학위를 취득했다. 현재 동대학원 통·번역연구소 소속의 영한 및 한영 전문번역가이자 연구자로 정부 과제 및 기업 의뢰 번역을 수행하고 있으며 문학, 문화, 기술, 경제 분야의 프리랜서 번역가로 활동 중이다. 옮긴 책으로는 '심리학으로 말하다' 시리즈 『다이어트』(2021), 『학교 폭력』(2021)이 있다.

서문

결정적 상황에서의 수행 능력은 인간이 행하는 다양한 퍼포먼스 분야에서 공통적으로 나타나는 주요한 특징이다. 운동 경기나 많은 관객을 대상으로 하는 무대 공연, 촉박한 마감 기일을 맞추거나 실수가 용납되지 않는 업무를 수행해 본 개인이나 집단이라면, 압박감이 성과에 어떠한 영향을 미치는지 잘 알 것이다. 성공한 사람들 그리고 꾸준히 성공을 거두는 사람들은 나름의 전략을 개발하여 압박을 받는 상황 속에서도 탁월한 퍼포먼스를 선보이는 것이다. 이렇듯 다양한 분야에서의 퍼포먼스 준비와 이를 위해 이용되는 심리학적 전략들은 서로 별개의 것이 아니라 매우 유사하다. 실제로 퍼포먼스를 진행하는 환경과는 상관없이 '퍼포먼스 심리학'의 기본 구조와 과정이 동일하기 때문이다. 이러한 핵심 사항을 기반으로 『퍼포먼스: 심리학으로 말하다』에서는 다양한 환경에서 퍼포먼스에 결정적 영향을 미치는 주요 심리학적 요인들을 훑어보고, 이러한 심리학적 요인의 근본적인 메커니즘에 대한 이해를 높일 수 있는 탄탄한 기반을 제공하고자 한다.

또한 이 책에서는 퍼포먼스 분야에서 성공 가능성을 높이기 위해 우리가 활용할 수 있는 실용적인 전략도 함께 살펴볼 것이다. 『퍼포먼스』는 다음과 같이 구성되어 있다. 먼저, 전문성이 어떻게 발달하는지, 그리고 주요 운동(동작) 기술이 어떻게 발달하고 강화되는지에 대해 다룬다. 그리고 이와 같은 퍼포먼스의 핵심적 측면을 기반으로 하여, 의사 결정이 퍼포먼스에 어떤 영향을 미치는지, 어떻게 하면 각 개인이 중요한 순간에 반드시 올바른 결정을 내릴 수 있을지에 대해서도 살펴본다. 이어서 압박감 속에서의 심리적 퍼포먼스에 결정적 영향을 미치는 핵심 요인들을 생각해 본다. 그리고 실제 퍼포먼스 환경을 다양하게 연습해 보고 어떻게 그에 대비할지 집중적으로 살펴본다. 이 책은 압박을 느끼는 상태에서 퍼포먼스를 결정짓는 주요 요인들을 제대로 이해하고자 하는 모든 사람에게 꼭 필요한 책이다.

이 책은 퍼포먼스에 영향을 미치는 요인과, 좀 더 구체적으로는 퍼포먼스에 결정적 영향을 미치는 주요 심리적 요인을 보다 잘 이해하고자 하는 전 세계 독자들을 대상으로 한다. 『퍼포먼스』는 다양한 범주의 퍼포먼스와 학습 중심 훈련법을 연구하는 대학생들에게 좋은 입문서가 될 것이다. 나아가 압박감 속에서도 좋은 성과를 거둘 수 있도록 사람들을 훈련시키는 코치, 교육자, 교사들에게도 흥미로운 책이 될 것이다. 마지막으로 학문적 연관이 없어도 압박감 속에서의 퍼포먼스에 관심이 있는 모든 사람이 쉽게 접근할 수 있도록 집필되었다.

『퍼포먼스』는 각 장마다 해당 장과 관련 있는 주요 심리학적 주제를 간략하게 다룬다. 이어서 퍼포먼스를 더욱 향상시키기 위해 취할 수 있는 다양한 방법을 생각해 본다. 마지막으로 중요한 순간에 훌륭한 성과를 내는 것과 관련된 주요 심리학적 문제를 소개하고, 이를 해결하는 데 도움이 되는 정신 기술에 대한 전문가의 조언을 제공한다. 이를 통해 이 책은 퍼포먼스 심리학 분야를 훌륭하게 소개하는 역할을 할 것이다.

『퍼포먼스』는 심리학에서 범위를 점차 확장해 가고 있

는 퍼포먼스 심리학 분야에 대한 훌륭한 입문서로, 지식과 전문성을 키워 퍼포먼스를 한층 더 향상시킬 수 있는 강력한 토대가 될 것이다.

01
퍼포먼스 심리학이란 무엇인가?

심리학의 한 분야인 퍼포먼스 심리학은 그 이름에서 알 수 있듯이 중요한 때에 지속적으로 높은 수준의 성과를 내기 위한 심리적 과정을 중점적으로 연구하는 분야이다. 수행 능력은 스포츠, 사업, 수술, 응급 서비스, 군대, 항공 등을 포함해 인간이 선보일 수 있는 다양한 환경에서 수행해야 하는 퍼포먼스의 핵심이다. 이러한 영역에서 성공적 퍼포먼스를 보이고, 지속적으로 성공을 거두는 사람들은 최고의 성과를 내는 데 따르는 압박감을 극복하고, 뛰어난 기량을 발휘할 수 있는 구체적 전략을 가지고 있다. 그렇기 때문에 이러한 결과가 가능한 것이다. 결정적인 순간에 성공적 퍼포먼스를 위해 활용되는 여러 분야의 심리적 전략들은 서로 비슷하다. 맥락은 다르지만 모든 퍼포먼스 환경에는 '압박감이 존재한다.' 성공과 성공이 아닌 것을 가름하는 주요 심리적 기술 및 능력은 전반적으로 유사하다. 1장에서는 퍼포먼스와 퍼포먼스 심리학이 무엇인지 개념을 명확히 하고 성공적인 퍼포먼스를 뒷받침하는 주요 심리적 요인을 대략적으로 살펴보는 것으로 이 분야를 소개할 것이다.

심리학이란 무엇인가?

퍼포먼스의 심리학이 무엇인지 이해하기 위해서는 우선 우리가 이해하고 있는 심리학은 무엇인지, 좀 더 광범위한 심리학 분야의 하위 개념으로서 '퍼포먼스 심리학'이 어떻게 존재하는지를 다시 명확히 해야 한다. 아주 단순하게 말해서 심리학은 정신 및 인간 행동에 관한 학문이지만 생물학, 의학, 신경 과학, 언어학, 철학, 인류학, 사회학, 인공 지능 등 다른 학문 분야의 주변부와 겹치는 부분들이 있기 때문에 하나의 학문 분야로서 완전히 독립된 위치를 차지하고 있는 것은 아니다. 심리학 분야는 다면적이며 인지, 발달, 임상, 진화, 법, 건강, 직업, 사회, 생물, 스포츠, 운동 심리학 등 다양한 하위 학문을 포함하고 있다. 근본적으로 심리학 분야에서는 각 개인의 생각과 행동을 이해하는 것이 중요하다. 즉 개인의 생각과 행동이 어떻게 발달하고 변화하는지, 개인적 요인, 대인 관계와 관련된 요인, 환경적 요인 등 다양한 요인이 개인과 집단의 생각과 행동에 어떠한 영향을 미치는지를 이해해야 한다.

퍼포먼스란 무엇인가?

퍼포먼스가 존재하는 다양한 분야에서 성공적 퍼포먼스는 전문적 동작 기술이 뛰어난 것만으로 이루어지지 않으며, 우수한 의사 결정 능력(이러한 기술을 언제, 어떻게 구사할 것인지를 아는 것) 또한 중요하다. 그렇기 때문에 훌륭한 퍼포먼스란 단순히 기술을 구사하는 것이 아니라 적절한 기술을 적절한 때에 사용하는 것이기도 하다. 실제로 퍼포먼스를 개념적으로 더 깊이 설명하기 위해서 스포츠 심리 연구자인 제리 토머스Jerry Thomas, 카렌 프렌치Karen French, 샬럿 험프리스Charlotte Humphries(1986)는 퍼포먼스란 "필요한 스포츠 기술을 실행할 수 있는 선수의 능력과 결합된, 현재 상황과 과거 사건에 대한 인지적 지식의 복합적 산물"이라고 구체적으로 정의했다(p. 259). 이들의 정의에서도 퍼포먼스의 두 가지 중요한 요소인 정신(지식과 의사 결정)과 운동(필요한 기술 실행) 요소를 강조하고 있다.

퍼포먼스의 두 번째 근본적인 측면은 중압감 속에서의 '수행' 능력과 관계가 있다. 연습과 훈련에서 기술을 발휘하고 올바른 의사 결정을 내릴 수 있는지 여부와는 별도로 압박감 속에서도 이러한 능력을 발휘할 수 있는지는 또 다른 문제이다. 따라서 적절한 기술 수행과 필요한 의사 결정만으로는 부족하다. (바람직한 출발이기는 하지만.) 심리적으로 압박을 느끼는 중에도 발휘되는 수행 능력은 궁극적으로 실제 퍼포먼스 환경인 현실에서 무엇을 어떻게 수행할지를 결정한다. 우리는 퍼포먼스가 무엇인지, 그 결과를 결정짓는 요인이 무엇인지를 반드시 이해해야 한다. 이 요인들에 따라 퍼포먼스를 위한 연습을 어떻게 해야 할지, 연습을 구상하는 데 어떤 요인을 포함해야 할지가 결정되기 때문이다.

퍼포먼스 심리학은 무엇인가?

퍼포먼스 심리학 분야는 퍼포먼스에 결정적 영향을 미치는 심리적 요인을 주제로 다룬다. 지난 10~15년 사이 다양한 퍼포먼스 분야에서 결과에 영향을 미치는 심리적 요인에 대한 관심이 높아졌다. 이에 따라 심리학 분야 내에서 퍼포먼스 심리학이라는 복합적인 분야가 발달했다. 구체적으로 말하자면 퍼포먼스 심리학은 "탁월함이 핵심 요소인 여러 상황 및 퍼포먼스 분야에서 우수한 퍼포먼스를 결정짓는 정신적 요소"(헤이즈Hays, 2012, p. 25)로 정의되었다. 위기의 순간에 압박을 느끼면서도 복잡한 기술을 완전하게 발휘하는 능력은, 인간의 노력이 필요한 다양한 퍼포먼스 환경에서 핵심이 되는 특징이다. 또한 성공 여부를 결정짓는 주요 심리적 요소들 다수는 전반적인 퍼포먼스 분야에서 유사하게 나타난다. 대체로 다양한 퍼포먼스 환경의 주요 특징이 비슷하기 때문에 심리적으로 요구되는 사항도 유사한 것이다. 이를 구체적으로 말하면 다음과 같다.

- 시간 제한(시간 압박)
- 불확실한 결과
- 높은 수준의 기술과 완벽에 가까운 기술 수행으로 결정되는 성공적 퍼포먼스
- 바람직한 결과
- 압박감의 존재

이러한 환경적 제약들이 비슷하기 때문에 전반적인 퍼포먼스 환경에서 효과적 수행을 위해 사용하는 기술과 접근 방법 또한 비슷하다. 퍼포먼스와 퍼포먼스 심리학의 또 한 가지 중요한 측면은 퍼포먼스를 뒷받침하는 데 필요한 준비 과정이다. 지속적으로 높은 수준의 퍼포먼스를 유지하기 위해서는 전문적인 운동 기술에만 치중한 준비로는 부족하다. 필요한 심리적 기술의 연습뿐만 아니라 퍼포먼스 환경 자체에 대한 연습도 필요하다. 연습 환경이 실제

퍼포먼스 환경과 가까울수록 계속해서 성공적인 결과를 얻을 가능성이 높아진다. 압박감 속에서도 수행 능력을 발휘할 수 있는 전문가가 되기 위해 고려해야 할 주요 사항에는 전문성이 어떻게 습득되는지(어떻게 초보자에서 전문가가 되는지) 파악하기, 자신감이 퍼포먼스에 어떤 영향을 미치는지 이해하기, 기본적인 의사 결정 과정을 이해하기, 퍼포먼스를 향상시킬 수 있는 주요 심리적 기술을 파악하기 등이 있다.

퍼포먼스 심리학 분야의 주요 개념들

현재까지 많은 책에서 신생 분야인 퍼포먼스 심리학을 다양한 시각에서 자세히 다루었다. 뚜렷하게 퍼포먼스를 주제로 한 가장 초기의 서적 중 하나는 제럴드 매슈스Gerald Matthews, 로이 데이비스Roy Davies, 스티븐 웨스터맨Stephen Westerman, 롭 스태머스Rob Stammers가 2000년에 집필한 『인간의 퍼포먼스: 인지, 스트레스, 개인별 차이Human Performance: Cognition, Stress, and Individual Differences』이다. 이 책에서

저자들은 기본적인 인지 구조와 주요 하위 체계(예를 들어 기억과 관심) 등 인간의 퍼포먼스와 관련된 폭넓은 심리학적 요인들에 대해 살펴보았다. 또한 숙달된 퍼포먼스, 인간의 실수, 스트레스와 흥분, 피로, 개인적 차이, 연령 등 관련된 다양한 사항에 대해서도 다루었다. 더 최근에 와서는 데이브 콜린스Dave Collins, 앤절라 버튼Angela Button, 휴 리처즈Hugh Richards가 편찬한 『퍼포먼스 심리학: 전문가의 가이드Performance Psychology: A Practitioner's Guide』(2011)에서 퍼포먼스의 네 가지 구체적 항목인 준비, 제공(지원), 연습, 퍼포먼스에 대해 다루었다. 또 이 네 가지 광범위한 측면 중에서 특히 전문성 개발, 재능 발견 및 개발, 퍼포먼스의 발전을 기대할 수 있는 환경 개발 및 조직, 기술 습득, 정신적 연습과 의사 결정에 집중했다. 그 외에도 상황 대처, 감정 조절, 주의, 압박감 처리 등 퍼포먼스의 주요 '기술'에 대해서도 살펴보았다. 마르쿠스 랍Markus Raab, 바벳 로빙거Babett Lobinger, 스벤 호프만Sven Hoffmann, 알렉산드라 피제라Alexandra Pizzera, 실뱅 라보르드Sylvain Laborde는 『퍼포먼스 심리학: 지각, 행위, 인지, 감정Performance Psychology: Perception, Action, Cognition, and Emotion』(2016)에서 퍼포먼스를 이해하기 위해 다소 다른 시각에서의 접근을 시도한다. 랍과 동료들은 퍼포먼스에 대해 매우 '인지적인' 관점에서 행위-인지 결합, 기대와 퍼포먼스 실패, 운동 형상화와 퍼포먼스, 지각, 주의와 실수, 감정과 퍼포먼스 등의 요인들을 살펴보았으며 다양한 퍼포먼스 분야의 인지-지각 요인에 대해서도 생각해 보았다.

마지막으로 스튜어트 코테릴은 『퍼포먼스 심리학: 이론과 실제Performance Psychology: Theory and Practice』(2017)에서 퍼포먼스 심리학의 응용 개념을 제시하며 압박감 속에서 퍼포먼스에 결정적 영향을 미치는 요인들을 살펴보았다. 초반부에서는 인간의 심리적 퍼포먼스를 제한하는 요인들(신경계, 식단, 휴식과 회복 등)을 훑어본 후 운동 기술이 어떻게 개발되는지, 전문성이 어떻게 습득되는지, 압박감 속에서 퍼포먼스를 향상시킬 수 있는 심리적 전략은 무엇인지, 퍼포먼스를 위해 어떻게 준비할지를 살펴보았다. 또 인지·지각·행위, 압박감, 의사 결정 과정, 퍼포먼스에서 감정의 역할, 회복력, 노화 및 경험, 자신감 등 퍼포먼스에 영향을 미치는 주요 요인들에 대해서도 알아보았다. 이 책은 본문의 도입부에서 작가가 제시하는 퍼포먼스 심리학의 모델을 바탕으로 구성되었으며, 총 네 부분으로 나뉜다. 첫 번째 부분에서는 연령과 경험, 회복력, 기술 수준, 힘, 성향, 성격 등 개인의 수행 능력에 영향을 미치는 개인별 특징을 강조한다. 두 번째 부분에서는 퍼포먼스 준비의 수준, 환경적 요인, 상태(수면과 영양 상태 등), 개인별 퍼포먼스 전략, 인지(의사 결정, 동기 부여, 문제 해결 능력 등)와 같이 퍼포먼스의 결과를 결정짓는 여러 요인을 강조한다. 세 번째에는 자신감과 대응 전략이 퍼포먼스에 미치는 영향을 강조하고, 마지막으로 준비되었다는 인식이 궁극적으로 퍼포먼스의 긍정적 결과와 부정적 결과의 수준을 결정한다고 말한다.

이와 같이 퍼포먼스 심리학이라는 포괄적인 용어를 중심으로 다양한 글에서 방대한 주제를 다루고 있다. 하지만 인지 능력과 기술, 감정 등 여러 저자의 글에서 비교적 꾸준히 등장하는 요인들이 있으며 이 책에서는 이 요인들에 대해 중점적으로 이야기할 것이다.

앞으로 여기서 이야기할 내용들

나머지 장에서는 퍼포먼스 심리학의 기반이 되는 핵심 개념들을 소개하고 대략적으로 살펴볼 것이다. 2장에서는 사람들이 어떻게 퍼포먼스를 학습하고 높은 수준의 퍼포먼스를 일관되게 유지하는지를 중점적으로 다룬다. 특히 학습의 개념을 소개하고, 학습 과정을 이해하기 위한 전통적(인지적) 접근법과 생태 역학적 접근법을 대략적으로 살펴본다. 전문성 개발에서 의도적 연습의 역할과 초보자와 전문 수행자 간의 심리적 차이점에 대해서도 생각해 본다.

3장에서는 개인은 물론 팀 차원에서 성공적 퍼포먼스를 위해 자신감이 중요하다는 사실에 주목한다. 이 부분을 이해하기 위해서는 자기 효능감 및 집단 효능감에 관한 개념이 가장 중요하다. 효능감에 대한 지식을 바탕으로, 새롭게 대두되고 있는 꺾이지 않는 자신감에 대한 개념을 살펴보고, 어떻게 효능감을 개발하고 강화할지도 함께 생각해 볼 것이다.

4장에서는 의사 결정 과정과 함께 개인과 팀의 결정이 퍼포먼스에 어떠한 영향을 미치는지에 대해 살펴본다. 의사 결정 과정의 개념적 설명을 위한 전통적, 자연주의적, 생태학적 접근법에 대해 다룬다. 또한 감정, 위험 감수의 영향 등 의사 결정 과정에 영향을 미치는 여러 요인을 알아본다. 한 팀이 동일한 정신적 모델을 형성하기 위해 의사 결정에 필요한 '공통된' 방식을 어떻게 발전시켜 나가는지에 대해서도 들여다볼 것이다.

5장에서는 심리적 퍼포먼스에 결정적 영향을 미치는 다양한 요인에 대해 생각해 본다. 5장에서 가장 중요한 사항은 어떤 마음가짐을 갖는지, 퍼포먼스를 위한 최적의 마음가짐을 어떻게 개발할지를 파악하는 것이다. 또한 수면, 휴식, 회복, 영양과 수분, 압박감 경험 등 퍼포먼스를 제한할 수 있는 다양한 요인들에 대해서도 고려해야 한다. 이 중 특히 압박감은 대처 능력, 이용 가능한 대응 전략 및 기술 파악과 연관 지어 생각해 본다. 목표 설정, 긴장 완화 기법, 형상화, 자기와의 대화, 퍼포먼스 이전의 일상적 과정(루틴) 개발 등 개발 및 활용 가능한 다양한 '심리적 기술'을 생각해 보면서 끝을 맺는다. 마지막으로 명확한 역할, 리더십, 결속, 팀 정서 등 팀과 관련된 사항들도 잊지 않았다.

마지막 6장에서는 퍼포먼스 환경에 대비할 수 있는 최

선의 방법을 중점적으로 다룬다. 이를 위해 어떤 준비를 하고 어떻게 효과적인 퍼포먼스 습관을 개발할 수 있을지 알아본다. 또한 준비 방식이 퍼포먼스에 어떻게 영향을 미치는지와 성공적인 퍼포먼스를 위한 준비 전략을 고민할 것이다. 협력이 필요한 팀 퍼포먼스 환경을 중심으로 어떻게 팀 퍼포먼스를 강화할지도 생각해 본다.

책의 마지막에 제시된 다른 도서들을 통해 구체적인 개념을 한층 더 깊고, 명확하게 이해할 수 있다.

핵심은 심리에 영향을 미치는 요인을 이해하는 것

정신적, 심리적 퍼포먼스는 전반적인 퍼포먼스 결과와 성공 가능성에 중요한 영향을 미친다. 퍼포먼스의 성공 가능성을 최대화하려면 이 심리적 퍼포먼스에 결정적 영향을 미치는 요인을 이해하는 것이 중요하다. 역사적으로 이러한 심리적 요인에 대한 이해는 일부 전문 분야에서만 제한적으로 이루어졌다. 하지만 최근 퍼포먼스 심리학 분야의 발전으로 인해 다양한 퍼포먼스를 수행하는 개인과 팀이 단순히 자신의 분야에만 국한되지 않고 퍼포먼스의 본질에 대해 더 깊이 있고 폭넓게 이해할 수 있게 되었다. 퍼포먼스 심리학 분야가 발전하여 모범 사례와 지식을 공유함으로써 향후 퍼포먼스 수준을 한층 향상시킬 수 있는 길이 열렸다.

02

전문가가 되는 요령 터득하기

모든 퍼포먼스에서 가장 먼저 터득해야 하는 부분은 필요한 동작 및 행위를 수행하기 위한 관련 기술을 개발하는 것이다. 퍼포먼스를 위한 기술을 개발하고 극대화하려면 학습과 발전이 이루어지는 과정을 이해하는 것이 중요하다. 퍼포먼스를 수행하는 사람은 일관된 수준의 퍼포먼스를 이끌어 낼 수 있는 기술을 개발해야 한다. 일관된 전문성이 없으면 퍼포먼스는 궁극적으로 실패할 수밖에 없다. 2장에서는 전문성과 전문적 퍼포먼스의 학습과 개발 과정에 대해 알아본다. 이와 함께 의도적 연습이 전문성 개발에 미치는 영향 및 효과에 대해 생각해 볼 것이다. 전문가와 초보자의 차이점을 살펴보고, 이러한 정보를 활용해 어떻게 전문성 개발을 촉진할 수 있을지에 대해서도 살펴볼 것이다.

학습이란 무엇인가?

학습을 개념화하면 대략적으로 행동, 지식, 인지의 변화라고 말할 수 있다. 따라서 학습 결과는 대부분 행동 변화, 상당한 지식 변화, 인지 변화 등 여러 종류의 측정 가능한 지표로 표현될 수 있다. 즉, 학습 후에 학습자는 이전에 못했던 것을 할 수 있고, 몰랐던 것을 알게 되고, 생각하지 못했던 것에 대해 생각하게 된다. 이러한 심리적 변화는 '비교적 영구적'이라고 묘사되기 때문에 일시적 변화(상당히 빨리 사라질 것이다)도 아니고 영구적 변화(항상 지속될 것이다)도 아님을 알 수 있다. 또한 이러한 변화가 학습을 경험한 후에 즉각적으로 나타나지 않을 수도 있다는 사실을 인식해야 한다. 변화는 경험이나 연습을 통해 일어나며 학습이 되기 위해서는 경험이 지속적으로 강화되어야만 한다. 그러므로 어떤 것을 한 번 경험하는 것은 학습으로 간주되지 않는다. 최근 신경 과학 분야를 중심으로 학습에 대한 이해나 개념 설명이 진전을 보이고 있다. 학습은 곧 뇌 구조의 변화라는 기본 개념이 확립되는 데 신경 과학 분야가 일조했다. 학습을 통해 뇌의 미세 구조 및 기능이 변하기 때문에 이는 정확한 설명이다. 좀 더 전문적으로 말하자면 학습으로 인한 뇌의 변화는 보통 신경망의 구조, 복잡성, 견고함을 통해 나타난다. 뇌가 새로운 것을 학습하면 학습 내용에 해당하는 새로운 연결망이 신경 세포들 사이에 형성된다. 학습은 미리 지정된 시간(예를 들어 훈련이나 수업 시간)에 이루어지는 것이 아니라는 사실도 기억할 필요가 있다. 학습은 대부분 반복과 강화 작용으로 이루어지며 반복이 일어날 때마다 뇌는 학습한다. 그러므로 인간의 행동을 이해하려면(그리고 그에 따라 행동에 영향을 주려면) 개개인의 학습을 좀 더 폭넓은 관점에서 이해해야 한다.

실패를 통해 학습이 이루어진다는 개념은 퍼포먼스 및 퍼포먼스 수행자에게 특히 중요한 개념이다. 실패에 대한 여러 이론에 따르면 실패를 통한 학습의 핵심은 예상한 결과와 실제 퍼포먼스 사이에 격차가 발생하는 이유를 이해하는 것이다. 시행착오뿐 아니라 추론을 통해서도 잠재적 해결책에 대한 새로운 안목이 생길 수 있다. 인지 심리학자 알렉산더 윌렘손Alexander Wilhelmsson, 시드니 데커Sidney Dekker, 대니얼 휴머덜Daniel Hummerdal(2013)은 실패를 통한 학습에 대해 "실패 이전에 알던 지식과 이후에 알게 된 지식 사이에 차이를 만들어 내는 행위이다. 이러한 차이는 대부분 추상적 지식의 형태를 갖추게 되고 향후 기억을 통해 활용할 수 있다"(p. 1)고 구체적으로 설명했다. 실패를 통해 학습한 개인은 퍼포먼스 과정에서 잘못된 부분을 찾아낸 후 자신의 퍼포먼스를 재설계하거나 수정할 수 있기 때문에 퍼포먼스의 성공 가능성을 최대화할 수 있다.

활용 가능한 기술 습득하기

넓은 개념의 학습과 관련이 있는 '기술 습득' 개념은 스포츠에서 수술에 이르기까지 여러 분야의 퍼포먼스를 고려할 때 특히 중요하다. 대략적으로 설명하자면 기술 습득 과정은 연습이나 과거 경험을 통해 퍼포먼스에 비교적 영구적인 변화가 생기는 것이다(커Kerr, 1982). 이 과정이 간단해 보일 수 있지만, 우리가 기술을 습득하고 압박감 속에서 기술을 수행하는 방식에 대해서는 매우 다양한 이론적 설명들이 존재한다. 이러한 '이론적' 설명은 일반적으로 '전통적(정보 처리)' 접근법과 '생태 역학' 접근법으로 분류될 수 있다.

전통적 접근법

'하향식' 방법에 초점을 맞추는 전통적 방식에서는 반복을 통해 개인이 퍼포먼스 모델을 개발해야 한다. 이 모델 중 가장 잘 알려진 것이 폴 피츠Paul Fitts와 마이클 포스너Michael Posner(1967)의 학습 단계 모델이다. 저명한 심리학자인 피츠와 포스너는 서로 밀접하게 연관된 세 가지 순차적 단계 즉, 인지, 결합, 자동화 단계를 거쳐 동작의 학습이 이루어진다고 주장했다. 인지 단계에서는 수행자가 기술의 구체적인 요소를 파악하고 발전시킨다. 결합 단계에서는 의도적 연습 과정에서 이 요소들을 조화로운 행위로 연결시킨다. 자동화 단계에서는 반복적 연습을 통해 기술을 자동적으로 구사할 수 있게 된다. 가장 잘 알려져 있는 이 학습 모델 외에도 다른 여러 모델이 있다. 예를 들어 심리학 및 체육학 교수인 앙투아네트 젠틸레Antoinette Gentile(1972)는 2단계 모델을 제시했다. 1단계에서는 규칙적 상황과 불규칙적 상황을 구별하는 법을 학습하기 위해 동작 협응 패턴을 개발한다. 2단계에서는 자신의 동작 패턴을 적절히 수정하고, 목표 달성률을 향상시키고, 최종적으로 최소한의 노력을 들여 퍼포먼스를 수행한다. 이러한 생각의 연장선에서 스튜어트 드레퓌스Stuart Dreyfus와 허버트 드레퓌스Hubert Dreyfus 형제(1986)는 성인의 기술 습득 모델을 초보자, 고급 입문자, 중급자, 숙련자, 전문가의 5단계로 제시했다. '초보자'는 맥락을 고려하지 않고 업무 환경을 객관적 특징들로 나눈 후, 이 특징들을 기반으로 하여 행동을 결정하는 일련의 규칙들을 개발한다. '고급 입문자'는 관찰을 통해 점차 이 확립된 규칙들에 더 부합하도록 행동한다. '중급자'는 업무 환경을 이해하고(맥락을 고려) 환경의 여러 측면들을 고려해 특정 행위와 연결시킨다. '숙련자'는 다양한 종류의 전체적 상황에 자신을 노출시킨다. 각각의 전체적 상황은 장기적 목표와 연결된다. '전문가'는 정신적 처리 과정이 현저히 개선되는 것을 경험한다. 자신이 이해한 상황을 특정 행위로 연결시킬 수 있는 분석 원리(규칙)를 개발한다.

그런데 최근 몇 년 사이 이러한 전통적 견해가 지닌 단순함에 의문이 제기되었다. 바로 인지적 통제 단계에서 자동적 처리 단계로 이동하는 과정에 대한 반론과 이 두 단계는 상호 배타적이라는 견해에 대한 반론이다. 이러한 비판에 대응하여 웨인 크리스텐센Wayne Christensen, 존 서튼John Sutton, 도리스 매킬웨인Doris Mcilwain(2016)은 '메시Mesh'라는 혼합 모델을 제시했다. 이 모델에서 인지적 통제는 퍼포먼스의 전략적 측면에 집중하기 위해 이용되며 자동화 과정은 동작 및 퍼포먼스의 실행과 더 깊은 관련이 있다. 메시 모델에 따르면 상황 인식이 행위에 영향을 미치기 때문에 인지적 통제가 기술 실행에 직접적으로 기여한다. 기술 실행과 관련한 인지적 통제는 동작을 '단계별'로 통제하는 것이 아니다. 필요한 행동 유형을 선택함으로써 관련 기술을 적합한 동작과 연결시키고, 동작 실행을 주관하는 규칙들을 결정함으로써 인지적 통제가 이루어진다. 크리스텐센과 동료들은 행동 실수(주의 집중 부족으로 발생하는 의도하지 않은 행동), 주의 집중 증가, 인지 노력 증가가 (자동적으로 이루어지는 것이 아닌) 인지적 통제의 지표라고 주장했다.

생태 역학 접근법

생태 역학 접근법은 대체로 기술 습득에 관한 전통적 견해와 상충된다. 어떤 행동을 어떤 방식으로 할지에 대한 정보가 고차원적 인지 과정(사고와 반복적 학습)에 의해 결정되는 것이 아니라 환경에서 기인한다고 믿기 때문이다. 동작 수행을 위해 필요한 정보는 규칙에 근거한 하향식 체계가 아닌 개인, 업무, 환경 사이의 상호 작용을 통해서 얻어진다.

생태 역학은 개인 수행자, 수행 환경, 수행 업무 사이에 일어나는 복잡한 상호 작용을 이해하려는 이론적 관점이다. 러시아 출신 신경 생리학자 니콜라이 번스타인Nikolai Bernstein(1967)에 따르면 동작 협응은 "필요한 수준 이상으로 신체적 자유를 터득하여 통제 가능한 시스템을 만들어 내는 과정"(p. 127)을 통해 습득된다. 이러한 맥락에서 요구되는 신체 자유의 수준은 한 가지 동작에 대해 동일한 결과를 얻을 수 있는 다수의 수행 방법이 갖춰지는 것이다.

즉, 특정 문제에 대해 한 가지 동작 수행법만 존재하는 것이 아니다. 학습 과정에서 학습자는 환경이 제공하는 단서에 지속적으로 노출되어 자신이 선호하는 대응 방식을 확립할 수 있게 된다. 또한 학습 과정 초반에 학습자는 동작의 복잡성을 줄이기 위해 신체 자유의 정도를 제한하고 그 결과 동작에 대한 통제력을 강화한다. 이러한 접근법은 효과적일 수 있지만 동작이 유연하지 않고 거칠어질 수도 있다. 따라서 생태 역학 이론에 따르면 퍼포먼스 동작의 이해를 위한 중요한 분석 기준은 수행자와 환경의 관계이며, 환경과 학습자의 활동을 분리하여 생각해서는 안 된다. 이런 시각은 퍼포먼스를 향상시키기 위해 개인이 별도의 기술 개발에 집중하기보다는 퍼포먼스 환경과 끊임없이 상호작용해야 한다는 실질적 의미를 내포하고 있다.

미국의 시지각視知覺 전문 심리학자인 제임스 깁슨James Gibson(1986)의 주장에 따르면 각 개인은 에너지 흐름(정보)의 '제방'으로 둘러싸여 있으며 이 정보가 퍼포먼스 환경에서 동작 협응을 위한 맥락과 지침을 제공한다. 그의 주장에 따르면 우리는 주변 환경에 존재하는 고유한 중요 정보를 통해 지속적으로 의사 결정을 내리고 계획과 조정을 하며,

(퍼포먼스에 중점을 둔) 목표 지향적 행동을 할 수 있다. 그러므로 모든 퍼포먼스 분야에서 기술 습득 프로그램은 개인의 지각과 운동 기술 실행의 '결합'을 강화하는 데 목표를 두어야 한다. 이를 위해 시도해 볼 수 있는 방법 중 하나는 개인이 어떠한 정보 출처를 이용할 수 있는지, 또 이런 정보를 어떻게 행동을 위해 활용할 수 있는지 파악하도록 도와주는 것이다. 생태 역학 관점에서는, 전문성을 개발하려면 개인이 주변 환경에서 얻을 수 있는 기회를 파악하고 활용하는 방법을 학습해 자신의 퍼포먼스 목표를 달성할 수 있어야 한다. 이러한 관점을 기반으로 연습을 설계할 때 중요한 것은 설계된 학습 환경이 얼마나 '대표성이 있는가'이다. 대표성이 높다는 것은 연습 환경이 실제 퍼포먼스 환경과 유사하게 설계되었다는 의미이다.

인지 기술 습득

인지 기술 개발은 운동 기술 습득을 뒷받침하는 이론적 근거와 적어도 어느 정도 관련이 있다. 인지 기술 연습 과정에서는 미리 정해진 일련의 정신적 작용들을 이용해 해결책을 얻고 퍼포먼스를 향상시킬 수 있어야 한다. 운동 기술 습득과 마찬가지로 인지 기술 학습 과정도 반복과 연습이 필요하지만 운동이 아닌 인지 기술을 연습하는 데 초점을 맞춘다. 이러한 연습에서는 특정 문제에 지속적으로 노출됨으로써 보다 효과적인 해결책 개발을 촉진할 수 있다. 심리학 교수인 고든 로건Gordon Logan(1988)이 자신의 사례 이론에서 이러한 과정에 대해 한 가지 설명을 내놓았다. 그는 문제 사례가 반복되는 과정에서 문제 해결 방식이 변한다고 주장했다. 많은 인지적 업무의 경우 실행 알고리즘에 의지하기 때문에 초반 퍼포먼스는 미흡하다. 하지만 사례 이론에 따르면 문제의 반복 횟수가 증가함에 따라 계획이 아닌 과거의 기억에서 해결책을 찾아낼 확률이 증가한다.

더 광범위한 심리학 연구 문헌을 보면 인지 능력이 퍼포먼스의 핵심적 결정 요인이라는 오랜 견해도 있다. 실제로 100년 이상 된 여러 연구에서는 인지 능력이 근무 실적, 직업적 성취, 학업 성취 등 다양한 환경에서 숙달된 퍼포먼스의 핵심적 결정 요인이라는 이론을 뒷받침한다. 그렇지만 좀 더 최근에는 어떤 상황에서는 높은 수준의 인지 능력이 퍼포먼스에 실제로 해가 될 수 있다는 견해도 있다. 특히 역동적인 퍼포먼스 환경에서 높은 수준의 인지 능력을 가진 수행자가 낮은 수준의 인지 능력을 지닌 수행자보다 적응력이 떨어진다는 주장이 있다.

의도적 연습의 역할

스웨덴의 심리학자 안데르스 에릭슨Anders Ericsson과 그의 동료들은 1993년 의도적 연습이라는 심리학적 개념을 소개했다. 이들에 따르면 단순히 연습을 반복하는 것이 아니라 특정한 결과 달성이라는 목적을 가지고 '의도적' 연습을 해야 퍼포먼스가 향상된다. 에릭슨은 개인이 전문성을 획득하고 궁극적으로 높은 수준의 퍼포먼스를 달성할 수 있는 것은 의도적 연습 때문이라고 주장했다. 이러한 맥락에서 의도적 연습이란 인지적 노력이나 물리적 노력을 요하고 즉각적으로 개인적, 사회적, 금전적 보상으로 이어지지 않으며, 퍼포먼스를 향상시키려는 목적으로 행해지는 활동을 지칭한다. 의도적 연습은 원래 연주자들의 사례를 통해 제시된 개념이었다. 에릭슨과 그의 동료들은 이러한 방식의 연습은 인간의 노력을 요하는 모든 영역에서 전문성 습득을 위해 활용되며, 연습 유형과 성과의 관계를 보여 주는 예로 흔히 스포츠 분야를 들 수 있다고 말했다. 이들은 특히 숙달된 퍼포먼스에서 집단 간 차이점(예를 들어 상대적으로 덜 전문적인 집단 대비 전문적 집단)은 대부분 오랜 시간에 걸쳐 축적된 의도적 연습량의 차이와 관련이 있다고 주장했다.

이러한 견해를 뒷받침하기 위해 에릭슨과 동료들(1993)은 다양한 수준의 기량을 보이는 음악가를 모집했다. 그리고 그들의 연주 경력 기간 중 각 연도별로 일주일에 의도적 연습 시간이 얼마나 되었는지 추정하도록 했다. 평균적으로 총 연습 시간은 상대적 기량이 낮은 집단에 비해 기량이 가장 뛰어난 음악가 집단이 훨씬 높았다. 한 예로 에릭슨과 동료들이 자료를 수집한 대상인 바이올린 연주자들을 들 수 있다. 이 연구에서 '우수한' 수준으로 묘사되는 바이올린 연주자들은 의도적 연습 시간이 7800시간이라고 밝혔다. 더 뛰어난 연주자들은 1만 시간 이상, '양호한' 수준의 연주자들은 4600시간이라고 말했다. 이 연구 결과에 의심의 여지가 없다고 확신한 에릭슨은 개인별 최종 퍼포먼스의 차이는 대부분 의도적 연습에 투자한 시간에 따른 결과라고 말했다. 이러한 관점에서 보면 전문가와 일반인의 차이는 인생 전반에 걸쳐 특정 퍼포먼스 분야에서 퍼포먼스 향상을 위해 의도적으로 노력한 기간을 반영한다는 사실을 알 수 있다.

에릭슨과 동료들은 의도적 연습량이 결정적이기는 하지만 퍼포먼스에 영향을 미치는 다른 구체적인 요인들 또한 그에 못지않게 중요하다고 말했다. 이 요인들은 크게 자원, 노력, 동기 부여의 세 범주로 나눌 수 있다. 구체적으로 강조된 자원으로는 중요한 타인(예를 들어 코치와 부모), 발달 맥락(예를 들어 문화, 출생지의 크기, 상대적 연령), 연습에 전념할 수 있는 환경, 즐거움 등이 있다. 노력은 에너지를 얼마나 투자하는지와 관련이 있으며 특히 이 노력을 어디에 투자하는지가 관건이다. 가장 효율적인 수행자는 자신의 연습 시간을 가장 중요한 연습에 할애하는 반면 쉬는 시간이나 휴식에는 덜 할애했다.

이러한 견해가 1990년대 후반부터 2000년대 초반까지 많은 호응을 얻었지만 좀 더 최근에 와서는 의도적 연습량이 중요하기는 하지만 언뜻 생각하는 것처럼 필수적인 것은 아니라는 의견이 나왔다. 실제로 이러한 최근의 견해를 뒷받침할 만한 연구 증거가 늘어나고 있다. 예를 들어 페르낭 고베Fernand Gobet와 기예르모 캄피텔리Guillermo Campitelli는 2007년 아르헨티나 출신 체스 선수들을 상대로 한 연구를 통해, 최상위급 체스 선수들의 경우 의도적 연습 시간의 총량이 상당히 큰 편차를 보인다고 보고했다. 고베와 캄피텔리에 따르면 의도적 연습 시간은 3000시간을 약간 초과하는 경우부터 2만 3000시간 이상에 이르기까지 다양했다.

대중적인 출판 서적을 통해서도 의도적 연습 이론에 대한 반론이 제기되었다. 예를 들어 말콤 글래드웰Malcolm Gladwell은 『아웃라이어: 성공의 기회를 발견한 사람들Outliers: The story of success』(2008)에서 에릭슨과 동료들의 시각을 비판했다. 글래드웰은 "얼마나 열심히 연습했는지가 음악가들 사이의 차이, 최종 성취도의 차이를 낳는 주요 요인이라는 결론"(p. 40)은 지나치게 단순한 접근이라고 주장했다. 마찬가지로 언론인이자 전 영국 탁구 챔피언 매슈 사이드Matthew Syed는 『베스트 플레이어: 왜 우리는 열광하고 그들은 세상을 지배하는가Bounce: The myth of talent and the power of practice』(2010)에서 최고의 선수들은 수천 시간을 들여 연습을 하지만 연습이 전부가 아니고 유일한 차별적 요인도 아니라고 했다.

의도적 연습 이론에 대한 이러한 비판 중 일부는 예외를 인정하지 않은 에릭슨의 관점을 겨냥한 것이다. 에릭슨은 충분한 수준의 의도적 연습을 하지 않으면 단 한 사람도 엘리트 집단에 도달하지 못하고, 충분한 시간을 투자한 사람은 탁월한 수준에 도달하지 않은 사람이 없다고 보았다. 그러나 현재 제시되는 증거를 보면 에릭슨의 의견이 잘못되었다는 것을 알 수 있다. 일부는 많은 양의 연습 없이 엘리트나 전문가 수준에 도달하는 반면, 다른 사람들은 상당한 시간을 의도적 연습에 할애해도 엘리트 혹은 전문가 수준에 도달하지 못하기 때문이다.

에릭슨의 연구에서 지속적으로 회자되고 있는 메시지는 1만 시간의 임계치가 지닌 추상적 중요성이다. 1990년대 후반부터 2000년대 초반에 걸쳐 1만 시간(또는 대략 10년)이 엘리트와 전문가 수준의 퍼포먼스에 도달하기 위해 넘어야 하는 문턱으로 여겨졌다. 하지만 고베와 캄피텔리

(2007)가 진행한 연구에 따르면 전문가들 사이에서도 필요한 의도적 연습량의 차이는 상당히 클 수 있다. 고베와 캄피텔리가 체스 선수를 대상으로 한 연구에서 어떤 선수는 마스터급에 도달하기 위해 26년간 진지하게 연습한 반면 또 다른 선수는 같은 수준에 도달하는 데 2년도 채 걸리지 않았다. 이러한 결과를 보면 의도적 연습이 중요하기는 하지만 이제까지의 주장과는 달리 결정적 요인은 아닌 것으로 보인다.

전문성이란 무엇인가?

전문성을 이해하기 위한 중요한 출발점은 '전문가'와 '전문성'의 차이를 명확히 하는 것이다. 전문가는 특정 수행 분야에서 굉장히 숙달되고 관련 지식이 풍부한 사람이다. 반면 전문성은 전문가를 초보자 및 비전문가와 구별 짓는 특징, 기술, 지식을 지칭한다. 전문성 영역에서는 선천적 재능(타고난 것)과 경험(학습한 것)이 퍼포먼스에 얼마나 결정적 영향을 미치는지에 대해 오랜 논쟁이 있었다.

엘리트나 전문가 수준에 도달하기 위해 요구되는 의도적 연습량에 대해서는 논란이 있지만 연습 과정에서 개인의 열의가 중요하다는 데는 의견이 일치한다. 퍼포먼스 분야에서 이렇게 뛰어난 수준에 도달하기 위해서는 상당한 정도의 시간과 노력을 투자해야 한다. 성공을 향한 적절한 '내적 동인'이 없다면 아무리 타고난 재능이 뛰어나도 최고 수준까지는 도달하지 못할 것이다. 그중에서도 특히 내재적 동기 부여가 강조되었다. 내적 동기는 수행하는 업무에 대한 선천적 관심, 만족, 즐거움이 끌어낸다. 해당 업무를 터득하기 위해 열중하고 높은 수준의 자율성과 의사 결정 능력을 갖추었으며, 외부 요인(예를 들어 보상이나 명성)에 영향을 크게 받지 않는 사람들이 이러한 내적 동기를 지니고 있다.

기존 전문성에 관한 연구에서는 주로 수행 속도를 높이고 실수를 줄이는 데 주목해 왔으나 이 두 가지가 전부는 아니다. 융통성과 확고함 역시 전문성 개발의 핵심 지표이다. 여기서 말하는 융통성은 훈련과 연습의 근간이 되었던 문제들과는 다른 새로운 문제를 해결하기 위해 기술을 활용할 수 있는 능력을 지칭한다. 확고함은 예상치 못한 사건이나 상황에 따른 요구 사항의 변화 등 다양한 '방해 요인'에 영향을 받지 않고 숙달된 퍼포먼스를 유지할 수 있는 개인의 능력과 관련이 있다.

전문가와 초보자는 어떻게 다른가?

많은 퍼포먼스 분야에서 전문가란 발생 패턴을 인지하고, 예상하는 등 지각과 관련된 기술, 의사 결정 기술이 뛰어난 사람들을 지칭한다. 전문가는 또한 적절한 전략과 절차에 대한 지식 등 메타 인지 기술 및 능력이 우수하고 동작 적응력 및 자동화와 관련한 동작 수행 기술이 출중하다.

무의식적 통제

전문가를 학습 과정 측면에서 보자면, 학습에서 의식적으로 인지하던 것들이 무의식적 통제에 의한 퍼포먼스 실행으로 변화해야 한다. 즉, 의식적 인지에서 무의식적 실행으로의 변화는 전문가와 비전문가의 중요한 차이점 중 하나로 강조된다. 실제로 심리 연구가인 린 해셔Lyn Hasher와 로즈 잭스Rose Zacks(1979)는 학습에 따른 결과로 정보 처리에 노력이 덜 들고 주의 자원이 덜 필요하게 되어 결국 의식적 노력이나 주의를 기울일 필요 없이 자동적으로 통제할 수 있는 단계에 도달하게 된다고 주장했다.

어디에 어떻게 집중하는가?

지난 25년간 전문가와 초보자 사이의 잠재적 차이점을 주제로 많은 연구가 진행되었다. 개인차는 항상 존재하지만, 구조적으로 전문가와 초보자는 동일하다는 결론에 도달했다. 특정 퍼포먼스 분야를 제외하고 시각 정보의 지각과 처리에 있어 '전문가' 집단과 '초보자' 집단은 비슷한 기량을 보인다. 전문성의 영역 내에서는 이러한 결론이 사실이지만, 최근 연구에 따르면 두 집단은 스캐닝 행위에서 상당한 차이를 보인다. 스캐닝 행위란 자신이 보고 있는 '장면'에서 들어온 시각 정보를 눈에서 받아들이는 방식을 말한다. '시선 추적' 중심 연구에서는 대체로 눈과 관련된 세 가지 구체적 행동인 고정적 안구 운동, 순간적 안구 운동, 완곡 추적 안구 운동에 관심을 갖는다. 고정적 안구 운동은 엄밀히 말해 동작이 아니라 특정 지점에 시선이 '고정'되는 것이다. (그래서 눈동자가 움직이지 않는다.) 시선이 상대적으로 정지 상태이기 때문에 시각적 인식이 일어날 수 있다. 고정적 안구 운동은 신속하게 나타나며 보통 0.2~0.3초간 지속된다. 순간적 안구 운동은 고정적 안구 운동들 사이에 나타난다. 이것은 시선이 한 지점이나 사물에서 다른 사물로 신속하게 이동하는 안구 운동이다. 순간적 안구 운동은 대단히 빠른 동작이며 대개 0.03초~0.08초간 지속된다. 마지막은 완곡 추적 안구 운동이다. 시선이 시각 환경에서 움직이는 물체를 추적할 때 발생한다. (날아가는 비행기를 바라보는 행위를 예로 들 수 있다.)

다양한 분야의 연구 조사에서 시각 탐색 행동과 관련해 전문가와 초보자의 차이점을 강조한다. 전문가는 초보자에 비해 자신이 보고 있는 장면에서 정보가 풍부한 부분에 좀 더 집중한다. 스포츠에서 엘리트 선수의 시선은 다른 선수들에 비해 적절한 방식으로 더 신속히 이동하고, 더 먼저 예측하고 움직이며, 중요한 정보가 담긴 의미 있는 특징들에 더 오랫동안 고정되는 것으로 나타났다. 이러한 사실을 잘 보여 주는 예로 크리켓 종목을 들 수 있다. 옥스포드 대학 연구원인 마이클 랜드Michael Land와 피터 맥러드Peter McLeod는 머리에 착용하는 안구 운동 기록 카메라를 사용해 영국의 엘리트(전문) 크리켓 선수와 아마추어 선수의 안구 운동을 관찰했다. 두 집단 간 시선의 차이는 패스트 볼러가 던진 공의 타이밍과 위치를 판단하는 데서 나타났다. 음악 심리학 전문가인 아론 코즈벨트Aaron Kozbelt는 2001년 예술 분야에서 이와 비슷한 현상이 나타나는 사례를 보여 주었다. 그는 예술가 그룹과 비예술가 그룹을 대상으로 활발한 시각 분석이 요구되는 일련의 지각과 관련된 과제를 완성하게 했다. 그중 일부는 그림을 그려야 하는 과제도, 그렇지 않은 과제도 있었다. 실험 결과 예술가 집단이 두 가지 유형의 과제에서 모두 비예술가 집단보다 앞선 것으로 나타났다. 이것으로 보아 전문가인 예술가 집단의 전반적인 시각 인지력이 더 우수하다는 사실을 알 수 있다.

얼마나 예측 가능한가?

시각적 예측 능력은 다수의 역동적 퍼포먼스 환경에서 수행자에게 중요한 기술로 여겨진다. 여러 근거에 의하면, 지각에 의한 운동 예측 기술은 상이한 퍼포먼스 영역에서도 발휘될 수 있는 반면, 지각 기술(예를 들어 예측과 의사 결정)은 비슷한 퍼포먼스 분야에 한해서만 발휘될 수 있다. 이러한 관점은 전문 수행자가 자신의 전문 분야에서 상대적으로 유리하다는 주장에 힘을 실어 주지만 이는 분야마다 다를 수 있다. 2016년 앵글론Anglone, 하스Hass, 코헨Cohen 등이 발표한 시각 예술 관련 연구 문헌에서도 비슷한 결과가 보고되었는데, 예술가들이 비예술가들에 비해 예술적 맥락에서는 상대적으로 우세하지만 비예술적 환경에서도 반드시 같은 결과가 나온 것은 아니었다.

유연한 사고와 통제 가능한 감정

전문가와 초보자 간 사고의 차이를 이해하기 위한 다수의 연구가 임상 추론(의학), 체스, 문제 해결 등의 분야를 중심으로 이루어졌다. 이러한 연구는 특히 귀납적 추론에 집중한다. 전문가는 예측 불가능하고 틀에 박히지 않은 사고 행동을 개발할 수 있다는 최근의 주장에 따르면, 전문가로 발전하는 과정에서 이례적인(예를 들어 표준에서 벗어난) 정보를 감지하고 활용할 수 있는 능력이 향상된다. 감정과 관련해서 초보자의 경우 감정 상태가 잠재적으로 퍼포먼스에 영향을 미칠 수 있으며 실제로 감정 조절력 향상이 전문성의 특징으로 보고되었다. 감정은 전문가에게 훨씬 영향을 적게 미치는 것으로 보인다. 자신의 전문 영역에서 감정을 조절할 수 있는 능력을 발전시켰기 때문이다.

의사 결정 능력

전문가와 초보자가 차이를 보이는 중요한 측면 중 하나는 이들의 의사 결정 행동과 관련이 있다. 전문가는 지식과 경험이라는 두 가지 핵심적 사항에 기반하여 의사 결정에서 우위를 보인다. 전문가는 퍼포먼스 환경에 더 많이 노출됨으로써 더 많은 절차적 지식과 서술적 지식을 개발했을 것이다(4장 참조). 서술적 지식은 특정 상황에서 요구되는 것이 무엇인지에 대한 전문가적 이해를 뒷받침해 주고(규칙이 무엇인지), 절차적 지식은 요구되는 행위 과정을 어떻게 수행하는지와 관련이 있다. 전문가는 대체로 특정 상황에 대응하여 무엇을 어떻게 해야 할지 알고 있다는 의미이다. 전문가는 또한 비슷한 상황에 성공적으로 대처하면서 축적된 이전 사례에 대한 기억상의 이점을 갖는다. 이를 통해 구체적 어려움이나 문제에 대한 최상의 해결책을 선택할 수 있는 정보를 갖게 된다. 하지만 이는 양날의 검이 될 수 있다. 실패나 스트레스 경험 때문에 전문가는 때때로 위험을 더 민감하게 인식하여 영향을 받을 수 있는 반면 초보자의 경우에는 그렇지 않다.

메타 인지 기술

전문가와 초보자는 메타 인지 기술을 개발하고 활용하는 방면에서도 서로 차이를 보인다. 존 플라벨John Flavell(1979)은 메타 인지 개념을 정신적 처리 과정에 대한 개인의 통찰력 및 통제력, 또는 인지에 대한 고차원적 인지라고 설명했다. 더 최근의 메타 인지 개념 설명에서는 지식, 통제, 관찰이라는 세 가지 요소로 이루어진 삼중 구조 모델이 제시되었다.

메타 인지 연구 문헌 내에서는 메타 인지 지식과 기술을 확실히 구분한다. 메타 인지 지식은 수행자, 업무, 전략적 특징들의 상호 작용과 관련한 서술적 지식을 말한다. 메타 인지 기술은 문제 해결 활동 및 학습 활동을 조절하기 위한 수행자의 절차적 지식을 말한다. 전문가는 보다 우수한 인지적 지식과 효과적인 메타 인지 기술을 가지고 있다는 데 전반적으로 의견이 일치한다. 이는 결국 인지 활동을 계획하고 관찰하고 평가하는 등의 인지 과정에 대한 통제력 향상으로 나타나며 그 결과 전문가는 자신의 인지적 퍼포먼스를 관찰하고 필요에 따라 조절할 수 있게 된다.

전문가 개발

최근 들어 '재능 있는 사람'에서 '전문가'로의 이행移行을 촉진하기 위해 어떤 과정이 필요한지에 대한 관심이 높아지고 있다. 이와 관련한 사례들은 특히 전문 스포츠 분야에서 연구 대상이 되었다.

자신들의 저서 중 '전문성: 퍼포먼스 개발의 목적Expertise: the goal of performance development'이라는 챕터에서 니콜라 호지스Nicola Hodges와 조셉 베이커Joseph Baker(2011)는 전문 운동 선수가 되기까지 4단계 발전 모델을 보여 주었다. 1단계(초기 발전)의 특징은 초기의 스포츠 활동 참여와 빠른 학습 속도이다. 1단계에서는 일반적인 기본 기술 습득에 초점을 맞춘다. 그 뒤 전문화 증가와 훈련 및 연습에 대한 투자 증가를 거쳐 2단계(중급 발전)에 돌입한다. 2단계에서는 보통 고도로 숙련된 코치가 투입되고 필요한 경우 더 높은 품질의 자원이 제공된다. 3단계(전문성)는 세계적 수준의 퍼포먼스가 특징이며 의도적 연습에 거의 전적으로 몰두한다. 이 수준에서는 퍼포먼스 향상 외에 운동을 통한 즐거움이나 사회적 교류는 부차적 관심사가 된다. 마지막으로 4단계(달인)에서는 신체적, 생리적 자원이 감소함에도 불구하고 전문적인 퍼포먼스가 유지된다. 4단계의 특징은 전력을 다하는, 고강도(폭발적) 훈련보다는 인내력이 더 강조되고 절대적인 연습 시간도 감소한다는 것이다. 전문적 퍼포먼스로 향해 가는 긴 여정에서 중요한 것은 기본 기술

(특정 퍼포먼스 분야에 관련된)의 완벽한 숙달과 해당 전문 분야의 퍼포먼스에 대한 내재된 애정을 바탕으로 한 탄탄한 기반이다.

최근에 들어서는 보다 폭넓은 재능 개발 환경의 중요성이 강조되고 있으며 이에 대한 상황별 설명이 시도되고 있다. 예를 들어 덴마크 출신의 카르스텐 라르센Carsten Larsen과 동료들(2013)은 축구에서 성공적인 재능 개발을 이해하기 위해 환경적 특징을 살펴보았다. 라르센과 동료들은 성공적인 환경에는 많은 공통적 특징이 있다고 주장했다. 예를 들어 훈련 집단 내 협력적 관계, 가까운 관계의 역할 모델, 좀 더 넓은 환경에서의 퍼포먼스 목표 지원, 심리 사회적 기술 개발을 위한 지원, 다양성을 감안한 훈련, 장기적 발전에 초점을 맞춘 강력하고 일관된 조직 문화, 통합적 노력 등이 있다.

공연 예술 전문가인 에드슨 필로Edson Filho, 패트리스 오버틴Patrice Aubertin, 버나드 프티오Bernard Petiot(2016)는 '태양의 서커스Cirque du Soleil'와 국립 서커스 학교를 중심으로 전문가 개발에 대한 연구를 진행했다. 필로와 동료들은 전문가 개발에 결정적 영향을 미치는 것으로 보이는 몇 가지 핵심 요인을 대략적으로 제시했다. 상황별 적응(해당 분야의 규칙 학습), 기술 개발(공연과 관련한 학습), 일반적인 퍼포먼스 스트레스 대처 방법, 분야별 퍼포먼스 스트레스 대처 방안 등이었다. 상황별 적응과 관련해 연구팀이 다문화에 대한 감수성 개발 및 언어 장벽 극복을 필수 요건으로 강조한 것은 흥미로운 일이다. 기술 개발에 있어서는 성공을 위한 핵심 사항으로 관객과의 상호 작용을 중심에 둘 것을 강조했다. 공연 예술 분야의 전문가들은 기교와 감정적 기술뿐 아니라 관객과의 소통에서도 탁월함을 보인다. 일반적 퍼포먼스 스트레스에 있어 연구팀은 생체·심리·사회

표 2.1 학습과 전문성에 관해 기억해야 할 핵심 사항

1. 반복을 통해 학습이 이루어진다.
2. 잘못된 점이 무엇인지 깨닫는 경우 실패를 통해 배울 수 있다. (다음번에는 고칠 수 있다.)
3. 연습을 통해 일관된 수준을 유지할 수 있지만 완벽해지지는 않는다. 어디에 초점을 맞추어 연습할지 주의를 기울인다.
4. 전문가가 수행 능력이 우수한 이유는 무엇을 예상해야 할지 알고 결정을 더 빨리 내릴 수 있기 때문이다.
5. 전문가는 자신의 전문 분야에서만 탁월함을 보이며 다른 업무에 있어서는 비전문가보다 일반적으로 더 우수한 것은 아니다.

표 2.2 학습을 통한 퍼포먼스 향상을 위한 실용적 전략

1. 뇌는 반복(연습)하는 것을 학습하기 때문에 연습을 통해 상황을 바로잡을 수 있다!
2. 연습(반복)을 더 많이 할수록 자신이 연습한 것을 수행할 수 있는 확률이 더 높아진다.
3. 실패한 경우 반드시 원인 분석을 통해 고친다.
4. 실제 퍼포먼스와 비슷한 환경에서 '학습'하는 것이 중요하다.
5. 피로할 때는 학습이 이루어지지 않는다. 언제 생기가 넘치는지 파악하라.
6. 학습을 하면 뇌가 피로해진다. 충분한 휴식을 취하라!
7. 심리적 기술을 터득하기 위해서는 연습이 필요하다. (신체적 기술도 마찬가지이다.)
8. 연습을 더 하는 것이 중요한 것이 아니라 더 영리하게 연습하는 것이 중요하다.
9. 학습 후 수면은 뇌에서 영구적 변화가 일어날 수 있게 도와준다.
10. 기술만큼이나 전후 상황이 중요하기 때문에 경기나 공연하는 데 필요한 기술뿐 아니라 요구되는 사항들을 반드시 파악하라. (예를 들어 팀 경기에서 적극적으로 의사 결정에 참여하기 등을 들 수 있다.)

적 스트레스 극복의 중요성에 대해 설명했다. 주된 '일반적' 스트레스로는 관객의 존재 및 퍼포먼스와 관련한 관객의 기대를 예로 들어 설명했다.

이러한 일반적 스트레스 외에 연구팀은 공중 곡예사, 광대, 곡예사, 저글링 공연자, 2인 공연자 등 분야별로 다양하게 나타나는 구체적 스트레스 요인과 압박감에 대해서도 설명했다. 이러한 맥락에서 볼 때 전문가는 매우 일관된 동작 기술과 관객과의 친밀도를 높일 수 있는 능력을 개발했을 뿐만 아니라 다양한 유형의 압박 요인에 대응할 수 있는 전략을 성공적으로 개발한 사람들이다.

성공적인 퍼포먼스 실행을 위해 기억해야 할 것들

지속적으로 성공적인 퍼포먼스를 실행하기 위해 필요한 행동, 지식, 인지력 개발은 모든 퍼포먼스 영역의 근간을 이룬다. 그러므로 학습이 일어나는 과정을 이해하는 것이 기본적으로 가장 중요하다. 이러한 학습 과정을 이해함으로써 보다 조직화된 방식을 선택하여 재능을 개발할 수 있고, 재능을 전문성으로 전환할 수 있다. 특히 퍼포먼스 환경 설계자는 이러한 지식을 활용하여 개인이 높은 수준의 전문성 획득이 가능하도록 재능을 개발하고 극대화할 수 있다. 또 주목해야 할 점은 의도적 연습이 중요하지만 연습량이 연습의 질보다 더 중요한 것은 아니며 요구되는 의도적 연습량은 개인별로 서로 다르다는 사실이다.

03

자신감이 퍼포먼스에 미치는 영향

많은 퍼포먼스 분야에서 성공적인 결과를 내기 위해서는 자신감이 중요하다. 아니면 적어도 중요한 순간에 압박감을 이겨 내고 어떻게든 퍼포먼스를 실행할 수 있다는 자신의 능력에 대한 확신이 있어야 한다. 성공적인 수행자가 반드시 자신감 있는 사람(성격 특성)일 필요는 없지만 적절한 때에 필요한 기술을 수행할 수 있다는 자신의 능력에 대한 확신은 있어야 한다. 그러므로 정말 중요한 것은 분야와 상황에 따른 자신감이라는 사실을 알 수 있다. 지속적으로 성공적인 결과를 내기 위해 개인이나 팀은 특정 상황에서 필요한 기술을 효과적으로 수행할 수 있고, 결국 탁월한 성과를 낼 수 있다고 믿어야 한다. 퍼포먼스에서 이와 관련된 또 한 가지 중요한 개념이 바로 낙관론이다. 전반적으로 긍정적 성향을 가졌다면 성공적인 결과가 요원하다 하더라도 계속해서 열심히 연습하고 상당한 시간과 에너지를 투자할 가능성이 높다. 3장에서는 자신감이 무엇인지, 자신감이 퍼포먼스에 어떤 영향을 미치는지, 자신감을 향상시키기 위해 어떤 조치를 취할 수 있을지 살펴볼 것이다. 또한 낙관론, 비관론의 개념과 이 두 요인이 퍼포먼스에 어떤 영향을 미치는지에 대해 살펴볼 것이다.

자신감이란 무엇인가?

자신감은 스스로 생각하는 경쟁력, 자기 효능감, 동작에 대한 자신감, 결과에 대한 기대 등과 관련해 다양한 방식으로 작동할 수 있다.

대체로 자신감은 자신이 성공할 수 있다는 개인의 믿음이라고 볼 수 있다. 자신감은 관련 업무의 특정 상황에 따라 다양하게 나타나며 어떤 사람들은 다양한 활동을 통해 자신감을 표출할 수 있다. 자신감은 앨버트 반두라Albert Bandura의 이론에서 소개된 '자기 효능감'이라는 개념과도 비슷하다. 자기 효능감을 간단히 설명하면 스스로 인식하는 자신의 능력에 대한 믿음의 정도이며, 상황별 배경과 설정에 따라 좌우된다고 말할 수 있다(페리Perry, 2011). 자신감과 자기 효능감의 가장 큰 차이점은 자신감이 성격의 일반적 특징이며 일시적 태도가 아니라는 것이다. 심리학자인 데보라 펠츠Deborah Feltz(1988)는 자신감에 대해 한층 더 자세히 규정했다. 펠츠는 "자신감은 일반적 특징이라기보다는 어떤 활동을 성공적으로 해낼 수 있다는 개인의 믿음, 그리고 자신의 판단, 능력, 힘, 결정에 대한 믿음"이라고 생각했다(p. 425).

자기 능력에 대한 확신, 효능감

심리학적 관점에 볼 때 더 흥미로운 개념은 자기 효능감이다. 자기 효능감은 미국 출신의 심리학자인 앨버트 반두라

(1971)가 사회 학습 이론의 일부분으로 처음 소개한 개념이다. 사회 학습 이론에 따르면 학습은 사회적 상호 작용, 특히 관찰, 모방, 모델링을 통해 이루어지는 인지 과정이다. 이러한 연구 결과를 바탕으로 반두라는 1986년에 『사고와 행위의 사회적 기반: 사회 인지 이론Social Foundations of Thought and Action: A Social Cognitive Theory』을 출간했다. 이 책에서는 인간의 적응과 학습에서 인지, 간접 경험, 자기 규제, 자기 성찰 과정의 중요성을 강조했다. 사회 학습 이론에서 개인은 단순히 환경적 자극에 반응하는 것이 아니라 자신의 열의, 믿음, 행위, 감정을 통제할 수 있는 주도적인 행위자로 간주된다. 이 이론은 '자기 효능감' 개념의 중요한 영향을 강조했다.

반두라(1997)는 자기 효능감을 "특정 성과를 이루는 데 필요한 행동 방식을 조직하고 실행할 수 있는 자신의 능력에 대한 믿음"이라고 설명했다(p. 3). 대체로 이러한 믿음은 특정 업무를 수행할 수 있는 자신의 능력에 대한 확신을 나타낸다. 자기 효능감 이론에 따르면 자기 효능감은 스스로 설정한 목표의 난이도를 높이고, 노력의 수준을 높이고, 인내력을 강화함으로써 퍼포먼스를 향상시킨다. 처음 이러한 개념이 제시된 이후 인간의 노력을 요하는 다양한 분야에서 자기 효능감과 퍼포먼스의 관계에 대한 많은 연구가 이루어졌다. 대부분의 연구는 자기 효능감과 퍼포먼스 사이에 상관관계가 존재한다는 주장에 찬성하는 입장이다. 반두라의 최초 모델에서는 숙달 경험, 간접 경험, 언어적 설득, 생리적·정서적 상태의 네 가지 중요한 선행 요소가 자기 효능감 수준에 (결과적으로 수행에도) 결정적 영향을 미치는 요인으로 강조되었다. 이러한 관점은 최근 여섯 가지 구체적 유형의 선행 요소, 다시 말해 자기 효능에 대한 믿음의 여섯 가지 원천으로 수정되었다. 이러한 여섯 가지 원천은 숙달 경험, 간접 경험, 언어적 설득, 생리적 상태, 감정적 상태, 상상을 통한 경험이다.

첫 번째 원천인 '숙달 경험'의 본질은 '행위'를 통한 경험으로, 숙달과 성공 경험을 통해 자신감을 얻는다는 의미이다. 자기 효능감의 여섯 가지 원천 중 숙달 경험은 가장 영향력이 크기 때문에 가장 중요하다고 여겨진다. 긍정적 경험이 자기 효능감에 긍정적인 영향을 미치고, 부정적 경험은 부정적인 영향을 미친다는 견해가 지배적이다. 하지만 과거의 부정적 경험이 동기 부여가 될 수도 있고 그 결과 자기 효능감을 향상시킬 수 있기 때문에 이러한 견해에 대해 의문이 제기되기도 한다.

두 번째, 보통 자신과 관찰 대상 사이에 유사점이 발견될 때 타인의 성공적인 경험을 관찰함으로써 자신감을 얻는 것이 '간접 경험'이다. 특히, 타인을 관찰하거나 본보기로 삼아 자신감을 얻을 수 있는데, 이러한 타인은 개인적으로 아는 사람일 수도 있고 혹은 간접적으로 매체(예를 들어 동영상)를 통해 본 사람일 수도 있다. 이러한 간접 경험과 관련한 피드백 제공 또한 자기 효능감에 영향을 미칠 수 있다는 주장도 있다.

세 번째로 코치나 강사, 팀 동료, 매니저 등 중요한 타인(자신도 포함)의 응원을 통해 자신감을 얻는 '언어적 설득'이 있다. '언어적'이라고 칭하지만 보디랭귀지와 같은 비언어적인 사회적 영향도 포함된다. 예상되는 바와 같이 언어로 전달되는 긍정적 피드백은 효능감 향상에 도움이 되는 반면 부정적 피드백은 효능감을 떨어뜨릴 수 있다.

네 번째는 '생리적 상태'이다. 생리적 지표와 이 지표를 개인 수행자가 어떻게 해석하는지에 영향을 받는다(예를 들어 통증, 피로, 심박수). 동일한 생리적 반응이 긍정적 혹은 부정적으로도 해석될 수 있기 때문에 이러한 생리적 상태에 대한 해석이 중요하다. 일부 퍼포먼스 분야에서는 이러한 생리적 반응이 효능감에 영향을 주는 주요 요인으로 언급된다.

다섯 번째로 '감정적 상태'를 들 수 있다. 퍼포먼스 이전에 '필요한' 심리 상태 또는 마음가짐에 도달함으로써 자신감을 얻을 수 있다. 긍정적 감정 상태와 긍정적 감정의 경험이 효능감을 향상시키는 반면 부정적 감정 상태와 부정적 감정의 경험이 효능감을 떨어뜨릴 수 있다는 주장을 뒷받침하는 증거가 있다.

마지막은 '상상 경험'으로, 자신이나 다른 사람들이 성공적으로 기술을 실행하고 성공적인 수행 결과를 얻는 상상을 통해 수행자가 자신감을 얻는 것을 말한다.

효능감은 개인별, 시기별로 세 가지 구체적 측면에 있어서로 다를 수 있다는 견해가 제시되었다. 2009년에 발간한 저서에서 자기 효능감의 영향을 검토한 산드라 쇼트Sandra Short와 린지 로스 스튜어트Lindsay Ross-Stewart는 개인의 수준, 강인함, 보편성 측면에 있어 자기 효능감이 차이를 보인다고 주장했다. '수준'이란 다양한 난이도에서의 퍼포먼스 달성을 지칭한다. '강인함'은 이러한 다양한 난이도에서 성과를 낼 수 있다는 개인의 확고한 믿음을 의미한다. '보편성'은 자신이 효과적으로 수행할 수 있다고 판단하는 퍼포먼스 영역의 개수와 이러한 효능감에 대한 판단이 여러 다양한 업무의 활동에도 적용 가능한지 여부이다.

효능감은 어떻게 강화하는가?

효능감을 강화하는 데 가장 효과적인 방법은 다양한 원천에 집중하여 자신감을 향상시키는 것이다. 이른바 확고한 (혹은 꺾이지 않는) 믿음을 개발하기 위해 노력한다는 의미다. 이러한 확고한 자신감이 있으면 개인 수행자는 자기 효능감의 원천 중 일부가 자신감을 높이는 데 방해가 되더라도 이를 유지할 수 있다. 예를 들어, 퍼포먼스를 실행하는 개인이 현재 좋은 결과를 내지 못하는 상황이라 하더라도 (이때 대부분의 경우 숙달 경험들이 가장 큰 영향력을 지닌다) 언어적 설득, 상상을 통한 경험, 생리적 상태 등 다른 원천에 의해 자신의 수행 능력에 대한 자신감이 뒷받침되고 있기 때문에 계속 자신감을 유지할 수 있다. 하지만 분명한 이해를 위해, 효능감의 각 원천에 대해 어떤 방법을 시도해 볼 수 있을지 개별적으로 제시할 것이다.

숙달 경험을 늘린다

앞서 언급한 바와 같이 숙달 경험은 일반적으로 가장 영향이 큰 요인으로 여겨진다. 때문에 이 부분에 집중하면 잠재적으로 효능감에 중대한 변화가 일어날 수 있다. 예를 들어 필요한 기술을 연습해서 해당 기술을 실행할 능력을 강화할 수 있다. '성공의 경험을 통해 자신감이 쌓인다'는 생각에 근거한 전략이다. 하지만 이 전략이 효과를 거두기 위해서는 성공만으로는 부족하다. 자신이 성공을 거두었고, 이는 본인이 노력한 결과라고 인식하는 과정이 필요하다. 그러기 위해서는 기술 개선을 촉진하여 기술 수준을 점차 높이는 점진적 발전이 효과적일 수 있다. 퍼포먼스를 위한 모의 환경을 만들어 '실제' 퍼포먼스 환경에서 필요한 기술을 실행할 수 있다는 자신감을 개발하는 것이다. 이러한 방법이 매우 효과적으로 활용된 예는 외과 의사의 가상 현실 수련으로, 기술 수행 능력과 압박감 속에서의 의사 결정 능력 개발을 목표로 한다.

이때 외부에서 개입하기보다는 자신의 의지에 의해 스스로 움직이는 방법이 효과적이라는 흥미로운 주장이 있다. 퍼포먼스와 관련된 효능감을 개발하고자 할 때도 동일한 원칙이 적용될 수 있다. 요구되는 방식에 따라 적절한 환경에서 해당 기술의 실행 능력을 개발하기 위해 연습이나 모의 퍼포먼스를 설계할 수 있다. 같은 맥락에서 목표 설정 전략을 활용할 수도 있다. 목표 설정은 성공 경험을 강화하고 수행자에게 목표를 향한 길잡이 역할을 하며 긍정적인 경험을 유도하는 데 효과적인 방법이다(목표 설정에 대한 설명은 5장 참조).

간접적으로 경험해 본다

성공을 거둔 다른 수행자가 등장하는 동영상을 보여 주거나 실제 모델이나 팀의 수행 현장을 관찰함으로써 간접적으로 경험할 수 있다. 하지만 간접 경험의 대상이 되는 모델과 수행자를 선정할 때는 신중을 기해야 하는데, 동일한 기준의 퍼포먼스 모델을 선택할 때 가장 큰 효과를 얻을 수 있다. 모델과 관찰자가 유사할수록 관찰자의 효능감에 더 큰 영향을 미친다. 이러한 논리에 따르면 관찰자 자신이 스스로의 모델이 될 때 유사성이 가장 높을 것이다. 동영상 활용은 강력한 간접 경험을 제공하는 동시에 과거 자신의 경험(숙달 경험)을 떠올리게 하는 기폭제 역할을 할 수 있다는 사실을 알 수 있다. 연구에 따르면 효과적인 모델링이 이루어지기 위한 네 가지 조건으로 주의, 기억, 생산, 동기부여가 필요하다.

피드백을 통해 발전 가능하다

숙달 경험이나 간접 경험만큼 영향력이 크지는 않지만 언어적 설득 또한 효능감에 영향을 미칠 수 있다. 하지만 반두라는 언어적 설득을 통한 메시지가 효능감 상승을 촉진하기보다는 감소시키는 힘이 더 강력하다고 보았다. 언어적 설득은 대체로 내적 원천(자기와의 대화)과 외적 원천(다른 사람들과의 대화)으로 나눌 수 있다. 외부적 관점에서 퍼포먼스 실행자 개인에게 제공되는 피드백은 자신감을 개발하거나 뒷받침하는 데 중요하다고 여겨진다. 피드백의 출처 또한 중요하다. 중요한 인물(예를 들어 코치나 가족)이 전하는 메시지는 다른 사람들의 피드백보다 훨씬 영향력이 크다. 자기 효능감에 관한 연구 문헌에서 찾아볼 수 있는 또 다른 흥미로운 결과는 잘못된 피드백이나 허위 피드백 제공에 관한 것이다. 실제 증거가 시사하는 바에 따르면 허위 피드백은 정직한 피드백과 마찬가지로 효능감에 영향을 미칠 수 있다. 더불어 전문가에게는 해당되지 않는 말이지만, 피드백 내용과 관련해서는 결과보다는 발전한 것 즉, 구체적인 목표와 관련된 것에 초점을 맞추어 피드백을 제공해야 한다.

자신의 생리적 상태를 재검토한다

생리적 상태를 기반으로 하는 방법은 수행자에게 자신의 생리적 상태를 인식하고 감각을 합리적으로 해석하는 법을 가르치는 데 중점을 둔다. 자신이 경험하는 신체 감각을 관찰하고 이에 대해 합리적으로 해석하고, 최종적으로 이러한 감각을 퍼포먼스에 도움이 되는 긍정적 특징으로 인식하게 만드는 과정이다. 이러한 결과를 얻기 위해 재검토 기법이 활용된다. 이 기법은 개인 수행자가 자신의 생리적 흥분 증상을 재검토할 수 있는 능력을 개발하는 것이다. 생리적 감각과 반응에 대한 재해석을 통해 불안감이 감소하고 그 결과 행동 기피도 줄어든다. 이 재검토 과정은 부정적 경험과 생리적 반응의 연결 고리를 끊어 버릴 수 있다. 연구 문헌에 따르면 언제, 어디서 재검토가 이루어지는지가 성별에 따라 다르기 때문에 개별화된 전략 개발이 필요하다는 사실을 알 수 있다.

선호하는 감정 상태에 도달한다

감정 상태를 이용해서 효능감에 영향을 주는 방법은 먼저 자신이 어떤 감정 상태를 선호하는지 이해하고(퍼포먼스를 용이하게 하기 위해) 퍼포먼스 전에 이러한 상태에 이를 수 있는 방법을 찾아보는 것과 관련이 있다. 이를 위해 최면, 생체 자기 제어, 휴식, 명상, 집중 기법 등의 전략을 활용할 수 있다. 앞서 언급했듯이, 긍정적 감정은 효능감 상승과 연결되고 부정적 감정은 효능감 감소와 연결된다. 이러한 지식을 바탕으로 감정 조절, 휴식, 명상, 생체 자기 제어 훈련 등 부정적 감정을 줄일 수 있는 다양한 방법을 활용할 수 있다. 마음 챙김에 기초한 여러 방법은 스트레스, 불안감, 보다 광범위한 심리적 고통을 감소시킨다는 보고가 있다.

상상을 활용해 훈련한다

형상화(심상의 활용)는 자신감을 확립, 유지, 회복할 수 있는 효과적인 기법으로 제시되었다. 개인 수행자가 비슷한 상황에서 효과적으로 수행하는 상상을 하게 하는 것도 효과적으로 심상을 활용하는 한 가지 방법일 수 있다. 심상의 활용이 상당히 성공적일 수는 있지만 개인별 차이는 크다. 심상을 그려 내는 능력, 이미지를 선명하게 그릴 수 있는 정도는 개인마다 큰 차이를 보이며, 상상의 공간에서 벌어지는 일을 통제할 수 있는 능력에도 큰 차이가 있다. 일부 연구 문헌에는 초보자는 학습 초기에 상상 기법을 활용해서는 안 된다는 의견도 있다. 또 다른 방법으로는 동기 부여가 되는 상상을 통해 개인의 효능감을 향상시킬 수도 있다. 이 방법은 우선 흥분과 불안 증상을 조절하는 시나리오를 상상하는 데 집중한다. 그 후에는 자기 효능감의 원천인 생리적 상태와 상호 작용한다. 이와 같이 상상을 통해 흥분과 불안 증상이 효능감을 감소시키는 요소가 아니라 증가시키는 요소라고 해석을 전환하여 궁극적으로 자신이 겪는 정서적 반응에 영향을 미칠 수 있다.

지나친 자신감

일반적으로 과신이란 개인이 자신의 능력과 신념에 불합리할 정도로 과도한 확신을 지니고, 그 연장선에서 성공을 기대하는 경향을 가리킨다. 개인은 평범한 주제, 새로운 주제, 자신의 전문 영역 외의 주제에 관해서는 자신의 퍼포먼스를 제대로 예측하지 못한다는 사실을 뒷받침하는 증거가 있다. 흥미롭게도 이때 부정확한 예측은 과소평가가 아닌 과대평가에 더 가깝게 이루어진다. 또한 이렇게 과대평가하는 경향은 일반적으로 경험을 통해서도 사라지지 않는다. 특정 퍼포먼스 분야에만 국한되는 현상도 아니다. 과신은 특정 전문 분야에 국한되지 않고 심리학자, 의사, 간호사, 투자 은행 경영자, 공학자, 기업가, 변호사, 협상가, 경영자, 스포츠 선수들에게서 다양하게 나타난다. 실제로 전문성이 이러한 과신을 한층 가중시키기 때문에 초보자보다는 전문 수행자에게 더 큰 문제가 된다는 주장도 있다. 사실 추상적인 목표 설정, 빈도가 낮거나 떠들썩한 피드백이 양산되는 의사 결정 등 전문가가 마주하는 다양한 상황들은 자신만만하고 편향된 의사 결정으로 이어지기 쉽다.

꺾이지 않는 자신감

성공적인 퍼포먼스가 지속되기 위해서는 좌절과 역경에도 꺾이지 않는 자신감이 결정적 요인이라는 인식이 퍼포먼스 분야 내에서 증가하고 있다. 엘리트 퍼포먼스에 대한 연구에서 꺾이지 않는(확고한) 자신감이란, 스포츠에서 발생하는 좌절과 지속적인 심리적, 환경적 어려움을 극복할 수 있게 해 주는 다차원적이고 안정적인 자신감이라고 설명했다. 오언 토마스Owen Thomas, 앤디 레인Andy Lane, 키런 킹스턴Kieran Kingston(2011)이 수행한 연구에서는 이를 확고한 스포츠-자신감이라고 정의 내리고, 여러 상황에 적용하여 설명하고자 했다.

확고한 자신감은 다음의 여섯 가지 주요 특징으로 나누어 설명할 수 있다. 다차원적이다(다양한 유형의 자신감으로 구성), 유연하다(부정적인 요인에 반응해 대응 가능), 내구력이 있다(시간이 지나도 안정적), 일련의 강한 믿음에 근거한다(운동선수는 자신의 능력을 확고하게 믿음), 개발된다(선천적인 것이 아니라 시간이 지나면서 개발된 것), 보호 작용을 한다(부정적인 요인에 대한 완충제 역할). 이 여섯 가지 특징이 확고한 자신감이 발달할 수 있는 근간으로 여겨진다.

스포츠 심리학자 크리스 보몬트Chris Beaumont, 이안 메이너드Ian Maynard, 조앤 버트Joanne Butt는 2015년 확고한 자신감을 개발하고 유지하기 위해 활용할 수 있는 많은 전략에 대해 설명을 시도했다. 이들의 연구는 응용 심리 상담가의 면담에 특히 초점을 맞추었다. 그 결과 확고한 자신감 개발을 위한 여섯 가지 전략과 이를 유지하기 위한 네 가지 전략을 내놓았다. 자신감 개발을 위한 여섯 가지 핵심 전략은 자신감 이해 및 인식, 증거 기록, 훈련 환경 조정, 개인에 맞게 방법을 조정하는 것, 심리적 기술 활용(예를 들어 목표 설정, 상상, 재구성과 구조 조정, 과정에 집중, 심리적 경쟁 계획 개발), 개인의 주요 강점 개발이다. 자신감 유지를 위한 네 가지 전략은 자신감 개발 프로그램 지속, 수행자의 환경에 영향 주기(예를 들어 연습, 환경적 단서, 다른 사람의 도움받기), 안정적인 믿음 개발, 능력 강화이다. 이 연구의 결과는 수행자의 자기 인식 향상의 중요성을 강조하고 수행자의 전반적인 자신감 수준을 뒷받침하고 있는 구체적 원천을 다양화해야 한다는 최근 연구에 대체적으로 힘을 실어 준다.

수행 불안

수행 불안은 자신감과 밀접한 연관이 있는 요인이다. 퍼포먼스에 영향을 줄 수 있는 불안한 생각과 기분은 학업 수행, 공개 연설, 스포츠, 연기, 공연 예술과 춤, 음악 공연 등 다양한 분야에서 나타난다고 보고되었다. 연구 문헌에 따르면 남성에 비해 여성이 공연에 대한 불안을 경험할 확률이 세

배에 달한다. 심리학자 데이비드 발로David Barlow(2000)는 불안이나 이와 관련된 감정적 장애를 유발할 수 있는 세 가지 유형의 취약성을 나타내는 모델을 개발했다. 이 세 가지 유형은 일반적인 생물학적 취약성, 일반적인 심리학적 취약성, 특정 심리학적 취약성(학습 과정을 통한 특정 환경 자극과 관련이 있다)이다. 발로는 유전적 성향과 어린 시절의 경험이 일반적 불안을 일으키는 원인이지만 구체적 공포증과 불안 반응(퍼포먼스에 대한 불안 등)은 특정 심리학적 취약성에 의해 유발된다. 이러한 맥락에서 볼 때, 불안은 합리적인 걱정이나 불안을 일으키는 이전의 경험들에 의해 유발된다. 다이아나 케니Dianna Kenny 교수는 2005년 음악 공연 불안 치료법을 체계적으로 검토하면서 주요 치료법의 범주를 인지, 인지 행동, 병행 요법, 약물, 기타의 다섯 가지로 나누었다. 인지 요법은 긍정적 자기 대화와 인지 구조 조정 등의 인지 전략 활용에 중점을 두었다. 인지 행동 요법은 표준 인지 행동 치료법 활용에 중점을 두었다. 병행 요법은 인지 행동 치료와 생체 자기 제어, 인지 행동 치료와 이완 요법 등 치료법 병행을 활용한 연구를 강조했다. 특히 약물 요법은 베타 차단제와 항우울제 사용에 중점을 둔다. 다른 요법으로는 명상, 생체 자기 제어, 음악 치료, 최면 요법 등이 있다.

집단, 팀 자신감 높이기

팀 퍼포먼스는 본질적으로 팀 차원의 목표나 목적을 위해 개인의 협력을 요구한다. 개인이 자신의 능력을 판단하는 것처럼 팀 구성원은 팀의 기능과 팀 구성원의 능력, 궁극적으로 팀의 성공 가능성에 대해 판단을 내린다. 자기 효능감 개념을 바탕으로 반두라(1997)는 '집단 효능감' 개념을 개발했다. 그는 집단 효능감에 대해 "특정 수준의 성과를 내기 위해 필요한 행동 방식을 조직하고 실행할 수 있는 공동의 능력에 대한 집단의 공통된 믿음"(p. 476)이라고 설명했다. 이러한 집단적 믿음은 팀 구성원 개인의 행동과 더 나아가 팀 전체에 영향을 미치기 때문에 중요하다.

집단 효능감은 개인이 팀 구성원으로서 어떻게 행동하는지에 영향을 주며 특히 노력, 실패에 직면했을 때의 끈기, 방해 요소에 대한 저항력에 영향을 끼친다. 집단 효능감의 세 가지 측면으로 효능감의 창출, 활성화, 평가가 제시되었다. 효능감 창출은 퍼포먼스 이전에 팀 내에서 능력에 대한 연대 의식을 개발하는 데 집중해야 하는 시기에 이루어진다. 집단이나 팀은 준비가 되었고, 충분한 인력이 있고, 우리는 강하다는 인식 등을 만들어 내야 한다. 활성화는 퍼포먼스 상황에서 팀이 집단 효능감을 적극적으로 드러내는 것을 말한다. 열정, 의지력, 끈기, 높은 사기를 보여 줌으로써 자신감을 나타내는 것이다. 평가는 퍼포먼스 중에 공유한 경험과 전반적인 성과 및 결과에 대한 팀의 해석을 말한다. 팀의 역량과 목표, 팀의 정서(기분과 감정), 집단 동기 부여 과정이 서로 연관되어 있다는 주장도 있다. 또한 집단 효능감에 대한 인식이 더 높은 팀은 보다 도전적인 퍼포먼스 목표를 세우고, 더 낮은 수준의 집단 효능감을 경험한 팀은 더 쉬운 목표를 세운다. (특히 팀이 좌절을 겪은 후에 이와 같은 현상이 더욱 두드러지게 나타난다.)

호주 출신의 심리학자 캐서린 콜린스Catherine Collins와 샤론 파커Sharon Parker는 2010년 집단 효능감을 두 가지 유형 즉, 팀 작업 과정에 대한 효능감과 팀 성과에 대한 효능감으로 구분했다. 팀 작업 과정에 대한 효능감은 자신들의 공동 작업 능력에 대한 팀의 확신과 관련이 있다. 이러한 믿음은 공동 경험과 팀 내 상호 작용에 대한 생각에서 비롯되며, 결과적으로 자신들의 공동 작업 능력에 대한 팀의 믿음을 뒷받침한다. 팀 성과에 대한 효능감은 팀이 설정한 목표를 달성할 수 있고 필요한 수준의 팀 퍼포먼스에 도달할 수 있다는 믿음과 관련이 있다. 이러한 믿음은 퍼포먼스 분야에 따라 다양하게 나타나며 팀의 양적 성과나 질적 성과와 관련이 있다. 팀 성과에 대한 효능감은 해당 팀이 공동 작업을 하는 주된 목적(퍼포먼스 성과를 내기 위해)을 충족시키는 데 중요하다고 여겨진다. 콜린스와 파커는 팀과 관련한 세 번째 중요 개념을 제시하기도 했다. 그들이 '팀 능력'이라고 명명한 이 개념은 팀의 능력에 대한 총체적 평가로 (특정 퍼포먼스 분야보다 광범위한) 다양한 분야에 걸쳐 적용할 수 있다. 일반적 측면에 역점을 두는 팀 능력은 팀이 특정 상황에 상관없이 성과를 낼 수 있다는 집단적 믿음을 지칭한다(과정의 관점에서). 팀 능력은 퍼포먼스의 특정 분야와 관련이 있는 팀 효능과는 다르다.

집단 효능감의 원천

집단 효능감의 개념이 자기 효능감과 비슷하기 때문에 반두라(1997)는 집단 효능감의 원천도 비슷할 것이고, 따라서 자기 효능감과 마찬가지로 과거 경험이 집단 효능감의 가장 강력한 원천이라고 주장했다. 간접 경험은 집단 효능감의 중요한 원천으로 제시되었다. 그러므로 어떤 팀이 자신들과 비슷한 팀의 성공을 목격하면 자신들의 성공 가능성 또한 높게 점칠 확률이 커진다. 숙달 경험, 언어적 설득, 간접 경험이 모두 집단 효능감에 영향을 미치는 요인으로 강조되지만(자기 효능감과 마찬가지로), 집단 내 사기와 팀 규모 등 다른 원천도 제시되었다.

심리 연구자 카트린 프랜슨Katrien Fransen과 동료들은(2012) 벨기에의 배구 선수들이 이야기한 집단 효능감의 원천에 대해 조사했다. 그 결과로 연구 팀은 일관된 여덟 가지 내적 요인에 대해 보고했다. 연구 팀이 제시한 요인들 중 긍정적이고 힘이 되는 말이 긍정적인 집단 효능감을 가져올 확률이 가장 높았다. 하지만 이 연구에서 매우 흥미로운 점은 집단 효능감에 가장 부정적인 영향을 준 요인이었다. 배구와 관련해 부정적인 감정 반응들(예를 들어 선수의 보디랭귀지)이 부정적 집단 효능감을 일으킬 가능성이 가장 높았다.

집단 효능감에 영향을 미치는 다른 요인들

팀 내에서 리더십이 어떤 방식으로 발휘되는지 또한 효능감 향상에 영향을 미치고, 따라서 퍼포먼스에도 영향을 미칠 수 있다. 리더는 구체적으로 모델링, 격려, 설득, 피드백, 전반적 팀 작업 과정의 향상을 통해 효능감에 영향을 미칠 수 있다. 팀 내 리더가 여러 방식으로 자신감에 영향을 줄 수 있다는 연구도 있다. 첫째, 리더십이 잘 발휘되면 '우리'라는 연대감이 더 강력해질 수 있다. 둘째, 리더는 '그래 우리는 할 수 있어'라는 식의 보다 긍정적인 태도를 강화할 수 있다.

코주브Kozub와 맥도넬McDonnell은 집단 효능감의 선행 요소이자 후속 결과로 설명되는 결속력 또한 중요한 요인이라고 강조했다(2000). 결속력은 많은 변화를 이끌어 내 집단 효능감 향상을 촉진하기 때문이다.

집단 효능감 향상

앞서 강조한 바와 같이 결속력과 집단 효능감 사이에는 상관관계가 있기 때문에 (업무와 구성원 간) 결속력 향상을 지향하는 전통적 팀 구축 기법이 팀 내 집단 효능감 향상에도 효과적일 수 있다. 집단 효능감은 또한 다른 사람들이 어떻게 느끼는지를 인식함으로써 생겨날 수 있다. 팀원, 코치, 다른 중요한 사람들이 등장하는 동영상을 개별 팀원에게 보여 주어 팀에 대한 인식에 긍정적인 영향을 줄 수 있다.

변혁적 리더십 또한 집단 효능감 향상에 특히 효과적이라고 강조되었다. 이러한 주장의 주요 근거에 따르면 변혁적 리더는 팀 구성원 개인의 정체성과 팀의 집단 정체성 간의 연결 고리를 형성할 수 있도록 감정적, 관념적 설명을 제공할 수 있다. 변혁적 리더는 팀의 능력, 진실성, 의사소통 효과에 대한 인식에도 영향을 미친다. 뿐만 아니라 팀 내에서 팀 구성원 각자의 기여에 대한 인식을 높이고 팀의 이익을 위한 자기희생의 가치를 강조하여 집단 효능감을 향상시킬 수 있다. 팀 내에서 어떤 리더십이 발휘되는지는 집단 효능감 수준을 점칠 수 있는 좋은 척도로 강조된다.

낙관주의와 비관주의

개인이 인생에 대해 가지고 있는 전반적인 시각은 퍼포먼스와 관련 있는 또 다른 요인이다. 개인의 전반적 세계관(낙관적인지 혹은 비관적인지)은 퍼포먼스, 건강, 행복에 영향을 주기 때문에 많은 심리학 분야에서 중요한 요소로 강조되고 있다. 퍼포먼스와 관련해 이야기하자면, 전반적인 세계관(얼마나 낙관적인지)은 구체적 업무나 도전 과제를 완수하는 데 있어 어느 정도의 자신감을 가질 수 있을지에도 영향을 미칠 수 있다. 대체로 낙관주의자와 비관주의자의 차이는 미래 경험에 대한 인식과 관련이 있다. 낙관적인 세계관을 가진 낙관주의자들은 미래에 좋은 경험을 할 것이라고 기대하고, 부정적인 세계관을 가진 비관주의자들은 나쁜 경험을 할 것이라고 예상한다. 개인이 어느 정도의 낙관주의 혹은 비관주의를 보이는지는 동기 부여와 연결되며 특정 방향으로 노력을 기울이고자 하는 욕구와도 연결된다. 낙관적인 사람들은 노력을 더 많이 하는 반면 비관적인 사람들은 더 적게 노력할 가능성이 크다. 심리학 연구 문헌에서는 낙관주의와 비관주의를 크게 두 가지 관점에서 다룬다. 첫 번째 관점에서 낙관주의와 비관주의는 개인이 상황에 대해 보이는 전반적인 기대감이며, 고정적인 기질(특성)로 간주된다. 이러한 '특성'은 개인 수행자가 어떤 사건이나 상황을 '호의적으로' 바라보는 데 결정적인 역할을 한다. 상황에 대해 호의적인 기대감을 갖고 있으면 자신의 목표를 달성하기 위해 더 많은 노력을 기울일 것이다. 기질적으로 낙관적인지, 비관적인지를 판단하는 방법은 일반적으로 미래의 결과가 유익할지 혹은 부정적일지를 물어보는 것이다. 기질적으로 낙관적 성향이 높은 사람들은 심리적 적응력이 더 우수하기 때문에 스트레스 상황에 더 잘 대응한다.

두 번째 관점에서는 낙관주의와 비관주의를 해석 방식으로 본다. 이 맥락에서 해석 방식이란 자신에게 어떤 일이 발생했는지를 설명하는 방식을 지칭한다. 자신의 경험을 설명하는 방식은 사건에 대한 개인의 해석 방식을 보여 준다. 이론적으로 해석 방식은 영속성, 확산성, 개인화의 세 가지 기본적 양상을 띤다. 영속성은 부정적 사건(그리고 그 선행 요소)이 영구적이라는 믿음을 지칭한다. 확산성은 일반화하려는 경향을 지칭하며 상황의 부정적 특징들이 다른 사람들에게도 확산된다고 생각한다. 개인화란 부정적 사건을 자신의 탓으로 보는지 혹은 자신의 통제를 벗어난 상황의 탓으로 돌리는지 여부를 지칭한다. '학습된 무력감'을 가진 사람들은 모든 상황에 대해 자신을 탓한다. 낙관적 해석 방식을 가진 수행자는 역경에 처했을 때 이를 헤쳐 나가야 할 도전으로 볼 확률이 더 높고, 그 결과 미래의 역경에 대해서도 더 자신감 있는 태도를 보인다. 또한 이들은 긍정적인 기대감을 갖고 있으며 자신이 미래를 지배할 수 있다고 믿는다. 인생에서 어느 시기에서든 생겨날 수 있는 대담함과는 달리 낙관주의는 아동기에 발달하는 고정적 성격으로 간주된다. 그렇기는 하지만 낙관주의에 대한 연구 문헌에서는 낙관적 성향을 증가시키는 데 효과적인 방법이 있음을 강조한다. 특히 '최고의 자신 상상하기'와 같은 긍정 심리학 기법이 효과적 방법으로 제시된다.

낙관주의 개발

낙관주의적 세계관을 발전시키기 위해 중요한 것은 낙관주의가 유전적 특성이 아니라 변화 가능한 마음 상태라는 믿음을 강화하는 것이다. 그렇게 되면 사람들은 자신의 '선택'에 따라 낙관적인 사람이 될 수 있다는 시각을 갖게 될 것이다. 보다 낙관적인 세계관을 확립할 수 있는 방법 중 하나로 마음 챙김 기법이 제시되었다. 또한, 인지 행동 기법도 낙관주의적 인식에 긍정적 영향을 주기 위한 방법으로 제시되었다. 단체 조직과 관련해서 보면, 조직의 목표 설정 전략을 활용하면 낙관주의적 세계관을 선택할 확률이 더 높아진다는 증거가 있다.

심리학 중심의 연구에서 검증된 낙관주의 기법은 다양한 접근 방식을 활용한다. 예를 들어 '최고의 자신' 기법, 자기 공감 훈련, 대응 훈련, 긍정 심리 기법, 인지 행동 기법,

표 3.1 자신감에 관해 기억해야 할 핵심 사항

1. 자신의 수행 능력에 대한 자신감이 가장 중요한 요인이지만 항상 자신감 있는 사람일 필요는 없다.
2. 자신감을 획득할 수 있는 방법이 많으므로 자신에게 효과가 있는 방법을 파악한다.
3. 수행 불안은 흔한 현상이지만 긍정적인 신호로 재해석할 수 있다.
4. 팀에 있어 집단적 자신감은 개인별 자신감만큼 중요하다.
5. 낙관주의는 비관주의보다 생산적일 수 있으므로 낙관주의를 택한다.

표 3.2 퍼포먼스에 대한 자신감을 향상시키기 위한 실용적 전략

1. 자신이 어디서 자신감을 얻는지 파악하라. (○○○ 후에 나는 자신감이 생긴다.)
2. 연습하는 동안 자신감의 여러 측면에 집중하라. (예를 들어, 연습하면서 코치의 충고를 들어 보고, 어떤 기분이 들었는지, 신체 감각은 어땠는지에 집중한다.)
3. 자신이 성공하는 모습을 '시각화'하는 능력을 길러라.
4. 과거 자신이 성공했던 경험을 기억하라.
5. 달성 가능한 목표를 세우라. (자신감을 얻을 수 있다.)
6. 미래에 돌이켜 볼 수 있는 훌륭한 퍼포먼스의 예를 적어 두라.
7. 정신적 기술을 개발하라. (예를 들어 긍정적 자기 대화를 한다.)
8. 전에 짰던 훈련 계획을 발전시키거나 계속해서 지켜라. (계획을 실천하면 기량을 발휘할 확률이 높다.)
9. 팀의 경우 얼마나 준비가 잘 되어 있는지를 팀 전체가 파악하라.
10. 개인의 목표와 마찬가지로 자신감을 높이기 위해 팀 목표를 개발하라.

마음 챙김, 명상 등이 있다. '최고의 자신' 기법은 미래에 자신이 도달할 수 있는 최고의 모습(예를 들어, 모든 일이 최고로 잘되었을 때 자신의 미래 모습을 상상한다)을 목표로 삼고 시각화하는 것과 관련이 있다.

심리 연구자 존 맬루프John Malouff와 니콜라 슈트Nicola

Schutte는 2016년 심리 요법이 낙관론을 향상시키는 데 효과가 있는지에 대한 증거를 찾기 위해 메타 분석을 시행했고, 그러한 효과가 있다고 결론을 내렸다. 특히 '최고의 자신' 기법이 가장 큰 효과(가장 큰 영향)를 보였다. 하지만 심리 요법을 통해 향상된 낙관론이 얼마나 오래 지속되는지를 검토한 연구는 없었기 때문에 주의를 기울여야 한다.

자신감은 성공적 퍼포먼스의 핵심 자산

수행 능력에 대한 자신감은 압박감 속에서 행하는 퍼포먼스에 영향을 주는 주요 요인이고, 이는 개인과 팀 퍼포먼스 모두에 적용된다. 자기 효능감과 집단 효능감에서 미래의 성공에 대한 믿음의 원천을 파악하는 것이 중요하며, 일단 이 원천이 파악되면 일관된 수준의 자신감을 개발 또는 유지하기 위한 방법을 개발할 수 있다. 확고하고 꺾이지 않는 자신감 개발은 최고급 수준의 퍼포먼스에 있어 중요한 측면이며 일관된 퍼포먼스를 유지하기 위한 핵심 사항이기도 하다.

전반적 세계관(낙관주의 또는 비관주의)이 미칠 수 있는 영향을 인식하는 것 또한 중요하다. 특히 개인이나 팀이 성공적인 결과를 낼 수 있다는 자신감을 갖는 데 세계관이 미치는 영향을 인식해야 한다. 어디서 가장 큰 자신감을 얻는지는 개인마다 다르다는 사실도 알아야 한다. 따라서 퍼포먼스의 성공 가능성을 극대화하기 위해서는 각 수행자의 필요에 맞추어 자신감을 획득할 수 있는 방법을 계획하고 개발해야 한다.

04

결정적 순간에 올바른 판단 내리기

다양한 퍼포먼스 분야에서 성공적 퍼포먼스는 능숙한 동작 조절과 성공적 기술 실행에만 좌우되지는 않는다. 대개의 경우 효과적 의사 결정 또한 핵심 요건이다. 여기에서 말하는 의사 결정은 일반적으로 특정 행동 방식에 전념하는 과정(다른 것에 우선하여 한 가지 행동 방식을 선택)이라고 볼 수 있으며, 선택지가 여러 개일 때 수행자가 내리는 결정과 관련이 있다. 모든 결정은 특정 상황에 대한 각 수행자의 과거 경험과 지식에 영향을 받는다. 과거 경험은 의사 결정에 도움이 될 수도 있고 방해가 될 수도 있다. 하지만 일반적으로 특정 행동 방식이 과거에 성공적이었는지 아니었는지에 따라 긍정적이든 부정적이든 의사 결정자에게 그 행동 방식에 대한 선입견을 심어 줄 것이다. 퍼포먼스 환경에서 결정을 내리는 데 있어 또 한 가지 중요한 측면은, 대부분의 경우 '올바른' 선택은 한 가지 이상이며, 개인의 기술 수준과 전문성에 따라 개인별로 다르다는 사실이다. 또한 각 개인이 결정을 내리기까지 소요되는 시간도 다양하며 시간 제약을 받는지 여부에 따라 결정 과정의 토대가 되는 근거 역시 여러 가지이다.

4장에서는 의사 결정 과정을 살펴보고 전후 상황이 의사 결정에 어떻게 영향을 미치는지에 대해 생각해 볼 것이다. 또한 압박감이 의사 결정에 어떤 영향을 미치는지, 그 외에 의사 결정에 직·간접적으로 영향을 미치는 다양한 요인에 대해서도 알아볼 것이다.

의사 결정이란 무엇인가?

의사 결정은 특정한 한 가지 방식에 전념하는 과정이라고 볼 수 있다. 심리학 연구 문헌에서는 보통 의식적(추론적) 의사 결정과 비非 의식적(직관적) 의사 결정을 구분한다. 랍Raabr과 라보르드Laborde에 의하면 이 맥락에서 직관은 "의도치 않은, 말로 설명이 힘든, 감정이 섞인 인식 혹은 판단이며, 이전의 학습과 경험을 바탕으로 어떠한 의도나 의식에 의한 합리적 선택 없이 형성되는 것"이다(2011, p. 89). 좀 더 일반적으로 말해, 의식하는 가운데 빠르게 내리는 판단들은 근거에 대한 깊은 지식을 필요로 하지는 않지만 행동으로 이어질 만큼 강력하다.

직관적 의사 결정과 논리적 의사 결정의 차이

앞에서 언급했듯이 비 의식적 의사 결정은 보통 직관적이라고 묘사된다. 이 개념을 명확히 하기 위해 조직 심리학자인 에릭 데인Erik Dane과 마이클 프랫Michael Pratt은 2007년 직관적 의사 결정이 "신속하고, 비 의식적이고, 총체적인 연상을 통해 발생하는 감정이 섞인 판단"(p. 40)이라고 언급했다. 본질적으로 직관적 과정이 신속하게, 총체적으로,

연상에 의해 진행된다고 시사한 것이다. '감정이 섞였다'는 측면은 흔히 말하는 '직감'을 나타낸다. 직감은 의식적으로 왜 그런지는 모르지만 특정 행동 방식에 대한 선호가 있음을 시사한다. 직관적 결정과 분석적(논리적) 결정을 비교해 보면 큰 차이가 있다. 분석적 결정을 할 때는 기존 정보 또는 새로운 정보를 적극적으로 고려하는 의사 결정 방법에 기반을 두며 이 정보는 후속 결정을 내리는 근거로 활용된다. 이러한 인지 과정은 의사 결정과 관련된 정보를 파악 및 평가하고, 행동에 따른 손익을 따져 본 이후에 심사숙고를 거쳐 결정을 내리는 과정이다. 반면 직관적 결정은 대체로 반사적이고 신속한 인지 과정을 통해 이루어진다. 분석적 사고와 분석은 노력을 필요로 하며 그 결과 좀 더 느린 과정으로 여겨진다. 분석적 사고는 주의를 기울여야 하는 의식적 정보 처리를 필요로 하기 때문이다.

발달 심리학자들은 논리적, 분석적 의사 결정을 할 수 있는 능력은 아동기에서 성인기로 가면서 발달한다고 주장한다. 이러한 주장에 따르면 시간이 지남에 따라 추론 능력이 좀 더 분석적이고, 덜 직관적으로 변한다. 그러나 이러한 주장이 때로는 사실이 아님을 보여 주는 연구 결과가 늘어나고 있으며, 일부 경우에서는 아이들이 성인보다 더 뛰어난 추론과 분석 능력을 보일 때도 있다. 이러한 이례성을 설명하기 위해 인간 발달 심리학자인 발레리 레이나Valerie Reyna와 찰스 브레이너드Charles Brainerd는 '퍼지 추적Fuzzy-Trace' 모델을 통해 의사 결정을 설명했다(2011). 퍼지 추적 모델이 시사하는 바에 따르면 우리는 서로 다른 두 종류의 표상(지각 또는 기억에 근거하여 의식할 수 있게 된 관념 또는 심상—옮긴이 주)을 활용해 정보를 처리한다. 첫 번째는 정보의 전반적인 요점을 보여 주는 표상이고, 두 번째는 정보를 있는 그대로 보여 주는 표상이다. 요점을 나타내는 표상들은 '귀납적(상향식)' 정보 처리 과정을 거치며 정보나 경험의 의미를 보여 준다. 요점 표상은 전반적인 정보를 직관적으로 처리하는 데 사용된다. 이와 대조적으로 있는 그대로의 정보를 나타내는 표상들은 정확한 정보를 정확하고 세밀하게 보여 준다. 퍼지 추적 모델에 따르면 대부분의 성인은 '애매한fuzzy 정보 처리를 선호'하기 때문에 의사 결정에 요구되는 최소한도의 정확성을 지닌 요점 표상들을 이용할 것이다. 하지만 이 두 표상은 정보 처리에서 상호 보완적으로 사용된다. 퍼지 추적 모델은 추론 과정에서 기억이 중요한 역할을 한다고 강조한다. 또한, 추론 과정에서 모순이나 선입견이 나타나는 이유는 우리가 인출 단서(기억을 끄집어내는 데 필요한 단서—옮긴이 주)에 의존해 요점 표상 즉, 기억 속에 저장된 가치와 원칙들을 불러오기 때문이다. 문화, 정서, 발달 요인과 경험이 요점 표상들을 걸러 내는 역할을 할 수 있다.

직관적 의사 결정과 퍼포먼스의 관계

퍼포먼스 분야에서 동작 기반의 많은 운동 반응은 외부 자극인 일련의 동작을 인지하고 그에 반응하여 성공적으로 수행된다. 이때 개인 수행자는 어떤 자극이 반응을 유발해 냈는지(자신이 왜 그런 행동을 했는지) 특정 지어 구분할 수 없다. 이렇게 거의 반사적으로 반응이 시작되는 예를 스포츠 분야에서 찾아볼 수 있다. 엘리트 테니스에서 서브 리턴, 탁구에서 빠른 연속 동작, 크리켓에서 패스트 볼러에 반응하는 배트 맨, 배구와 농구의 블로킹 그리고 펜싱, 복싱, 가

라테에서의 반격 등이 있다. 이러한 분야의 수행자들은 이러한 운동 반응은 자신이 처한 특정 상황에서 발달한 것이며 의식적인 의사 결정 없이 이루어진다고 말한다. 이처럼 (보통 시간 제약의 압박 속에서) 빠른 반응 행동은 일반적으로 초보자보다는 전문가에게서 나타나는 것으로 보아 선천적인 개인차가 아닌 전문성 발달로 인해 나타나는 특징임을 알 수 있다(자세한 설명은 2장 참조). 많은 연구에서 보고되는 결과를 통해 알 수 있듯이 역동적 퍼포먼스 환경에서 작업하는 노련한 수행자에게는 이전의 자극 처리 경험이 유리하게 작용한다. 훈련과 연습을 통해 자극에 반복적으로 노출되고, 장기적이고 암묵적인 학습 과정을 거치면서 이러한 자극 처리 능력이 발달한다.

역사적으로 퍼포먼스를 위한 비 의식적 의사 결정은 직관적이라고 설명되었지만 앞서 말한 직관적 결정의 범주와는 다르다. 퍼포먼스와 관련한 직관적 의사 결정 개념은 사회생활, 일, 스포츠, 사업 등 많은 분야에서 연구되었다. 이러한 직관적 결정은 별다른 노력 없이 신속하게 의식적 통제를 받지 않고 반사적으로, 퍼포먼스 상황에 민감하게 반응해 이루어지는 것으로 나타났다. 퍼포먼스를 위한 직관적 의사 결정에 대한 논의에서 일부 연구자들은, 비 의식적 자극 처리 과정에서 비롯된 체내의 특이한 생리학적 상태를 수행자가 인식한 결과 직관적 결정이 이루어지는 것이라고 주장한다. 하지만 이러한 생리학적 상태는 원인이 아니라 직관적 의사 결정으로 인한 결과라는 반론도 존재한다.

아르민 키블레Armin Kieble(2006)는 이러한 자극 반응 행동이 2단계 과정 즉, 학습 단계와 이후의 퍼포먼스 단계를 통해 습득된다고 주장했다. 첫 번째 단계인 학습 단계에서는 인지된 일련의 동작이 내부 규칙으로 확립되고 운동 규칙과 상호 연결되어 빠른 운동 반응 효과로 나타난다. 이러한 과정은 암묵적 학습의 중요한 부분이다. 연습과 경쟁의 많은 사례를 통해 학습이 이루어지는 동안 수행자는 시행착오를 거치며 주어진 상황에 대처하려 노력한다. 그 결과 인지된 동작 구조와 성공적 운동 반응으로 이어지는 운동 과정 사이에 비 의식적 연상이 생겨난다. 이러한 비 의식적 연상들 중 이전에 지속적으로 성공적 퍼포먼스로 이어졌던 연상만이 강화된다. 두 번째 단계인 퍼포먼스 단계에서는 연속된 동작에 대한 단순한 인지가 이전에 확립된 인지적 운동 표상을 활성화시키기 때문에 의식적 통제 없이도 운동 반응이 유발된다. 비 의식적 운동 자극을 인지하여 유발되는 퍼포먼스 반응은 훈련과 경쟁 등의 수많은 사례를 거치는 동안 학습된다.

키블레(2006)는 또한 이와 같은 이론이 기존 이론의 미흡한 측면을 보완하고 직관적 의사 결정 현상을 종합적으로 다룰 수 있다고 주장했다. 암묵적 학습에 대한 연구에 따르면 자신이 파악할 수 없는 특징과 정보를 찾으라고 지시할 경우 사람들의 학습 성취도가 감소하는 것으로 나타났다. 그러므로 코치와 지도자는 사람들이 구체적 단서에 직접적으로 주의를 기울이지 말고 관련 동작의 특징적 구성에 전반적인 관심을 두도록 조언해야 한다. 그리고 수행자가 관련 운동 부분뿐만 아니라 인지 부분의 행동 규칙을 확립할 수 있게 모든 인지 기술 훈련에서 운동 반응을 실행하도록 조언해야 한다.

의사 결정 과정에 대한 설명

심리학 연구 문헌에서는 세 가지 주요 관점에서 행동을 위한 의사 결정 과정을 이해한다. 이 세 가지는 전통적 의사 결정 이론, 자연주의적 의사 결정 이론, 생태학적 접근법이다. 각 이론은 의사 결정의 본질적 메커니즘과 관련해 다양하고, 다소 상반되는 시각을 보인다. 그 이유 중 하나는 이 세 가지 관점이 인간의 모든 의사 결정 범주 중 각기 다른 측면에 중점을 두고 개발되었기 때문이다. 이 세 가지 관점을 종합하면 인간의 의사 결정을 보다 총체적으로 깊이 있게 이해하는 데 도움이 될 것이다.

전통적 의사 결정 이론

전통적 관점에서는 의사 결정을 구조화된, 고차원적 인지 과정으로 이해한다. 사람들이 내린 결정이 얼마나 정확한지에 초점을 맞추고 모든 의사 결정 환경에서 합리적 분석을 통해 옳은 결정을 내렸는지 여부를 파악할 수 있다고 가정한다. 이러한 전통적 이론에 따르면 의사 결정은 상대적으로 간단하고 정형화된 과정이다. 이 효과적 의사 결정 과정에는 명확한 문제 파악, 생각해 볼 수 있는 다양한 해결책 생성, 이에 대한 비판적 평가, 우선적 해결책 선택 등이 포함된다. 의사 결정에 대한 이러한 접근은 시간 제약이라는 압박이 있는 경우와 없는 경우의 의사 결정 과정을 잘 보여 준다. 의사 결정을 위한 이와 같은 추론 과정에서는 관련된 모든 정보를 적절히 고려하지 않거나 적절한 방식으로 평가하지 않았을 경우 오류가 발생한다. 이 경우 가능한 모든 행동 방식 중 최선의 방식을 찾을 수 없다. 이 관점에 따르면 실제로 의사 결정자가 결론에 도달하는 시간이 오래 걸릴수록 성공적인(효과적인) 결정을 내릴 확률이 더 커지는 것으로 나타났다. 의사 결정에 대한 이러한 시각은 의사 결정 작업 자체와 의사 결정이 이루어져야 하는 환경을 고려하지 않는 심각한 한계를 보인다.

자연주의적 의사 결정 이론

자연주의적 의사 결정 방법은 실제 현실 환경에서 사람들이 의사 결정을 위해 자신의 경험을 어떻게 활용하는지와 관련이 있다. 이 방법에서 특히 관심을 두고 중요하게 생각하는 것은 의사 결정 영역 내에서의 전문성과 맥락에 맞게 의사 결정을 이해하는 것(업무별로 어떤 제약이 결정에 영향을 미치는지)이다.

시간 제약이 있는 상황에서 전문가의 의사 결정 과정을 더 깊이 이해하기 위한 틀로 자연주의적 의사 결정 방법이 등장했다. 이 포괄적 개념 안에는 몇 가지 공통적인 원칙을 공유하는 수많은 다양한 모델과 이론이 포함된다. 첫째, 의사 결정은 여러 가능한 행동 방식에 대한 총체적 평가를 통해 이루어진다. 둘째, 의사 결정자가 여러 대안을 비교하기보다 상황 인지 및 패턴에 부합되는 행동 방식을 이용하기 때문에 인지를 기반으로 하는 의사 결정 방식이다. 셋째, 의사 결정자는 최상의 해결책을 모색하기보다 만족스러운 기준을 채택해 최선의 해결책보다는 실행 가능한 해결책을 찾는다.

이러한 접근법의 한 예로 상담 심리 연구자 게리 클라인Gary Klein이 개발한 '인식 촉발 결정' 모델을 들 수 있다. 이 모델은 많은 선택지를 만들어 내거나 평가하지 않고 신속하고 효과적 결정을 내리는 화재 진압 지휘관의 능력을 설명하기 위해 개발되었다. 이 의사 결정 모델은 두 가지 일반적 과정을 통해 전문가의 의사 결정을 설명한다. 먼저 패턴 인식에 근거한 행동 방식 검색이 있다. 의사 결정자는 자신이 경험하고 있는 환경적 단서에서 패턴을 찾아내려는 시도를 한다. 현재 상황이 이전 경험과 부합하면 관련 기억을 검색한다. 검색 후 정신적 시뮬레이션을 통해 행동 방식을 평가한다. 이 과정을 통해 해당 방식을 채택(수정하거나 그대로)하거나 폐기한다. 폐기한 경우 의사 결정자는 선택 가능한 다른 행동 방식을 평가한다.

중첩형 의사 결정 모델

코칭 및 퍼포먼스 전문가 앤드류 아브라함Andrew Abraham과 데이브 콜린스Dave Collins(2011)는 자연주의적 방법과 전통적 방법이 의사 결정 과정을 이해하는 데 어떤 기여를 하는지 파악하기 위한 연구에서 두 이론 모두 퍼포먼스 환경에서 중요하다는 사실을 입증했다. 이들은 수행자(특히 스포츠 분야)가 전통적 의사 결정과 자연주의적 의사 결정 방법을 모두 사용하지만 주어진 시점에 존재하는 상황적, 환경적 요인에 따라 둘 중 더 중점을 두는 방법이 있다고 주장했다. 아브라함과 콜린스는 판단과 의사 결정은 동시에 이루어진다고 주장했으며 이를 중첩형 의사 결정 모델로 제시했다. 이들은 중첩형 모델이 어떤 상황에서 자연주의적 방법과 전통적 방법을 이용하는지 의사 결정 과정을 설명해 줄 수 있다고 생각했다. 중첩형 모델에서 의사 결정이 이루어지는 단계는 의사 결정을 내리기까지 이용 가능한 시간(시간 제약)과 그 결정이 영향을 미치는 해당 사건의 지속 기간을 바탕으로 크게 3단계로 구분된다. 이때 한편(시간이 충분하고 해당 결정이 긴 시간 동안 영향을 미친다)에서는 전통적 방법이 주를 이루고, 다른 한편(즉각적인 업무 처리를 위해 시간 제약이 있다)에서는 자연주의적 방법이 주를 이룬다. 중첩형 모델은 또 다른 요인으로 다양한 수준의 의사 결정과 이 수준이 어떻게 상호 연관되었는가를 살펴보았다. 그 결과 특정 퍼포먼스 상황에서 매우 빠른 인지적 반응은 이전의 전략적 결정을 근거로 이루어지며, 더 나아가 그 특정 상황에서 자신과 연관이 있는 철학적 결정도 근거가 된다는 사실을 알게 되었다.

생태학적 접근법

생태학적 접근법은 개인과 개인이 기능하는 환경 간의 합법적 관계(즉, 자연 과학의 법칙에 기반한 관계)에 중점을 둔다. 생태학적 접근법에서 의사 결정은 더 이상 내적 인지 과정이 아니라 개인과 환경의 비선형적 상호 작용의 결과로 나타나는 자기 조직화 과정이다. 생태학적 접근법에서 인지와 행위는 단순화할 수 없는 순환 과정으로 간주된다. 구체적으로 말하면, 의사 결정을 위해 정신적 과정을 거쳐야 하는 것이 아니라 각 상황마다 개인, 업무, 환경에 따른 제약을 받아 인지와 행위가 비선형적으로 상호 작용하여 자연적으로 결론이 도출되는 것이다. 생태 심리학 이론가들은 수행 환경이 있다고 가정하며, 이러한 환경에서는 두 요소 즉, 인지와 행위가 결합하여 전체 생태계를 형성한다. 이러한 결합 효과로 인해 생물학, 물리학이 심리학과 결합한 새로운 생태학적 규모의 과학이 정의된다.

이러한 생태학적 접근에 따르면 역동적 환경에 있는 수행자는 구체적 행위를 미리 완벽하게 계획할 수 없다. (계획은 여러 돌발 행위를 제한할 수 있는 한 가지 방법에 불과하다.) 또한 단순히 환경이 제공하는 정보에 반응하거나 여러 지엽적 제약의 상호 작용에 기반해 퍼포먼스를 실행할 수도 없다. 그러므로 성공적인 수행자의 의사 결정 행동은 매우 선행적이고 순환적이어야 하며 수행자의 행위와 외부 퍼포먼스 환경에서 얻는 중요 정보에 대한 인지를 바탕으로 이루어져야 한다. 구체적 경쟁 목표를 달성하기 위해 수행자는 관련 정보 검색을 통해 환경과 특정 상호 작용이 일어나도록 유도하여 목표 달성을 촉진할 수 있다. 이를 위해서는 수행자의 행위가 가능하도록 퍼포먼스 환경이 조성되어야 한다. 인지-행위 결합 과정에서는 다른 결론들이 배제된다. 그 주된 이유는 상호 작용하는 일련의 구체적 제약들이 존재하고, 이 제약들이 특정 결론이 도출되도록 영향을 미치기 때문이다.

운동 제어 이론가인 두아르테 아라우주Duarte Araújo, 키스 데이비드Keith Davids, 로베르트 흐리스토프스키Robert Hristovski(2006)가 생태학적 접근법에 기반하여 주장한 바에 따르면 의사 결정은 목표를 향해 개인과 환경의 상호 작용 과정을 유도하는 것이다. 행위를 위한 정보를 찾고 정보를 얻기 위해 행위를 하는 이 순환적 과정을 통해 의사 결정에 도달하게 된다. 그러므로 효과적인 의사 결정은 각 수행자가 관련 정보에 맞추어 얼마나 적응할 수 있는지, 자신의 동작을 그 정보에 맞게 어느 정도로 조율할 수 있는지에 달려 있다. 이러한 시각에 따르면 각 수행자가 환경을 인식하고 정확한 에너지 흐름을 파악하는 과정이 의사 결정 능력 개발에서 가장 중요한 부분이 된다.

압박감 속에서의 의사 결정에 영향을 미치는 요인

환경, 시간 제약, 업무의 성격, 위험 감수 행동, 사고방식, 기억, 감정, 분야별 기존 지식 등 다양한 요인들이 의사 결정 과정에 영향을 미치는 중요한 요인으로 강조되었다. 보통은 결정이 내려지는 구체적 '맥락'이 의사 결정 행동을 이해하는 데 가장 중요한 사항으로 강조된다. '맥락'이라는 용어는 의사 결정자의 특징, 의사 결정별 특징, 외부 환경의 특징을 지칭하기 위해 사용된다. 퍼포먼스 환경에서 의사 결정에 영향을 주는 요인으로 강조되는 다른 사항들로는 해당 결정을 내리는 순간에 마주하게 되는 모호함의 정도와 위험의 정도가 있다. 화재 진압, 원자력 발전소 안전 점검, 항공, 군사, 의학, 응급 의료 등 다양한 분야의 전문가를 대상으로 한 연구 결과는 각 분야별 지식이 압박감 속에서의 의사 결정 과정에 얼마나 도움이 되는지를 보여 주었다. 의사 결정에 영향을 주는 또 다른 요인은 환경 자체이다. 그 이유는 자연적인 역동적 상황 자체에 많은 잠재적 불확실성이 내포되어 있고 정보의 흐름이 끊임없이 변하기 때문이다.

감정은 의사 결정에 어떻게 영향을 미치는가?

감정이 의사 결정 과정에 중요한 역할을 한다는 사실은 심리학 연구 문헌을 통해 잘 알 수 있다. 감정이 의사 결정에서 편견을 야기할 수 있다는 사실을 강조하는 다양한 증거가 있다. 예를 들어 기억의 작용으로 인해 현재의 감정 상태와 일치하는 과거 경험을 회상하기 쉬워진다. 감정 때문에 특정 성과와 결부된 가치에 대해 편견을 갖게 된다는 주장도 있다. 예를 들어, 장기적으로 부정적 결과가 나타날 수 있는지 여부와 상관없이 부정적 감정이 있으면 단기 성과에 대한 부정적 가치가 강화된다. 전반적인 긍정적 기분과 감정은 주로 낙관적 의사 결정과 연관이 있고 부정적 기분과 감정은 비관적 결정과 연관이 있다. 연구자 제니퍼 러너Jennifer Lerner와 라리사 티덴스Larissa Tiedens(2006)는 구체적으로 분노가 판단과 의사 결정에 미치는 영향에 대해 살펴보았다. 이들은 분노의 유발성과 각성 요소뿐 아니라 분노 감정과 관련 있는 평가 경향 또한 의사 결정에 영향을 미친다고 말했다. 러너와 티덴스(2006)는 또한 분노가 성과(예를 들어, 분노로 인해 위험 감수 및 낙관론이 증가한다)와 과정(예를 들어, 분노에 치중한 선택적 정보 처리)에 구체적 영향을 미친다고 강조했다.

전통적으로 감정은 의사 결정 능력에 부정적 영향을 미친다고 여겨졌다. 하지만 일부 뇌 손상 환자들에 대한 연구에 따르면 유연한 의사 결정에 감정은 반드시 필요한 부분이다. 예를 들어 인지 신경 과학 연구자인 앙투안 베차라Antoine Bechara, 다니엘 트라넬Daniel Tranel, 한나 다마지오Hanna Damasio(2000)는 실생활에서의 의사 결정을 보여 주는 도박과 관련된 실험을 진행했다. 이 실험에서 복내측 전전두피질에 병변이 있는 환자들은 자신의 선택이 향후 심각한 처벌을 동반하는 경우에도 지극히 위험성이 큰 선택을 했으며, 정서 경험 및 유리한 의사 결정 능력에서 부족함을 보였다. 이 환자들은 또한 위험한 결정을 하려고 할 때 불안 증상(예를 들어, 피부 전도성 예기 반응인 발한)을 보이지 않았다. 이러한 연구 결과는 감정이 최선의 의사 결정을 위해 매우 중요하다는 증거가 되며, 한나 다마지오(1994)의 '신체 표지' 가설에 힘을 실어 준다. 이 가설에 따르면 사람들은 가치와 관련한 결정을 내릴 때 신체 표지(즉, 단지 냉철한 이성뿐 아니라 이해득실의 상황에 대한 생리학적 반응)를 신뢰한다. 이러한 관점에서 피부 전도성 예기 반응과 그 밖의 자율 신경계 반응은 불리한 결정에 대해 신체가 보내는 경고 신호의 역할을 한다. 사람들이 자신의 신체가 보내는 이러한 경고 신호를 의식적으로 인지하지 못할 수 있지만, 이러한 자율 신경계의 예기 반응이 발생함으로써 위험성 있는 불리한 선택이 줄어드는 것으로 나타났다.

시간 제약은 어떤 영향을 끼치는가?

시간 압박이 있을 때 이루어지는 의사 결정은 대안 또는 대안적 해결책 선택에 영향을 미친다는 많은 증거가 있다. 시간 압박은 대안적 가설 및 가설 시험 전략을 만들어 낼 수 있는 능력을 저하시키기 때문에 의사 결정자의 융통성을 감소시킨다. 따라서 시간 압박이 있는 환경에서는 당면한 문제에 대해 최선의 결정보다는 효과적인 결정을 추구하게 된다. 시간 압박에 대한 여러 보고서에 따르면 시간이 제한적일 경우 의사 결정의 질이 저하되고, 더 보수적인 쪽을 선택하게 되고, 위험을 감수하는 경향이 감소하는 등 여러 방식으로 의사 결정에 변화가 생기는 것으로 나타났다.

위험을 얼마나 감수하고 행동에 옮길 것인가?

최근 심리학 연구에서는 특히 감정 조절과 의사 결정 중심으로 감정과 의사 결정의 연관 관계를 조사했다. 심리학 연구 문헌에서는 대부분 이성적 의사 결정(위험 요소와 이익에 대한 신중한 계산)과 감정적 의사 결정(감정적 반응과 직감)을 구분한다. 청소년의 경우에는 자신과 같은 또래와 함께 있을 때 모험적 의사 결정의 가능성이 증가한다는 주장도 있다. 위험 인식 능력이 성인이 될 때까지 더디게 발달한다는 점에서 이러한 주장은 일반적으로 받아들여지고 있는 발달 심리학적 관점과 일치한다. 실제로 위험 감수와 연령 사이에는 직접적인 관계가 존재하며, 청소년기를 최고점으로 하는 '역 U자' 모양의 관계를 보인다는 주장이 있다. 이 맥락에서 '모험적' 결정은 선택 가능한 다른 행동 방식들과 비교해 성공 가능성이 낮은 결정으로 여겨진다. 위험 인식에 대한 개념 또한 중요하다. 어떤 사람이 위험성이 있다고 인식하는 것을 다른 사람들도 반드시 동일하게 판단하지는 않는다. 심리학자인 드루 웨스턴Drew Westen과 파벨 블라고브Pavel Blagov(2007)는 사람들이 하는 모든 의사 결정은 감정 조절 행위로 간주될 수 있으며, 모든 의사 결정의 목표는 향후 부정적 감정 상태를 최소화하고 긍정적 감정 상태를 최대화하는 것이라고 강조했다. 이와 관련한 초기 연구 결과에 따르면 인지 전략을 이용한 감정 조절로 위험 감수와 위험한 행동 방식(결정)을 줄일 수 있는 것으로 나타났다.

의사 결정자의 특성, 결정 분야, 결정 상황이 위험 감수 행동에 특히 중요한 영향을 미치는 요소로 강조되었다. 따라서 압박감을 느끼는 상황에서 '누가', '언제' 의사 결정을 하는지 이해하는 것이 중요해 보인다. 또한 의사 결정과 관련된 심리적 과정은 이성적(신중한 계산) 과정인지, 감정적이고 정서적인 과정인지에 따라 구분되며 이러한 심리적 과정은 여러 방식으로 의사 결정에 영향을 줄 수 있다. 첫째, 개인 수행자가 다른 인지 단서에 주목하게 만들 수 있다. 둘째, 가능성과 결과를 주관적 가치로 변환하는 과정에 영향을 줄 수 있다. 셋째, 유혹에 저항하는 것과 같이 결정 과정에 직접적 영향을 줄 수 있다. 하지만 이를 의사 결정에 실제로 적용하려고 할 때 위험 인식에 대한 연구 결과가 다양한 퍼포먼스 영역에서 조금씩 상충된다. 이러한 결과는 대개 영역별 상대적 낙관론에 근거한 것으로 자신의 성공 가능성이 또래와 비교해 상대적이라는 수행자의 생각과 특히 관련이 있다.

이러한 영역별 상대적 낙관론은 기질적 낙관론과는 다르고 이 두 개념은 서로 독립된 개념이다(자세한 내용은 3장 참조). 이러한 상황에 따른 상대적 낙관론은 보통의 또래와 비교한 자기 자신의 위험성을 평가하는 것과 관련이 있기 때문에 사례별로 다양하게 나타날 수 있다. 예를 들어 암벽 등반가는 심각한 부상을 당할 확률을 자신의 또래와 비교해 비슷하거나 더 높다고 평가할 수 있다(마르타Martha, 산체스Sanchez, 고마 이 프레익사네트Gomà-i-Freixanet, 2009). 하지만 스카이다이버의 인식을 조사한 연구에서는 스카이다이버들이 자신이 부상당할 위험을 또래와 비교해 상대적으로 낮게 평가하여 상대적 낙관론을 보여 주었다(모엔Moen, 룬드모Rundmo, 2005). 상대적 낙관론은 운전, 범죄 행위, 건강 위험 등 다른 분야에서도 관찰된다. 개인이 인식하는 상대적 위험도는 안전을 위한 권장 사항을 어떻게 인식하는지(그 결과 얼마나 주의 깊게 행동하는지)와 연관이 있다.

사고방식과 의사 결정의 관계

사고방식(또는 정보 처리 유형)과 의사 결정 결과 사이에 얼마나 밀접한 관계가 있는지는 사고방식과 업무 특성들의 양립 가능성에 영향을 받는다는 의견이 있다. 인지 성향에 관한 이중 처리 이론에서는 정보 처리 유형을 크게 직관적 처리와 성찰적 처리의 두 가지 유형으로 구분한다. 직관적 처리는 빠르고, 자동적이고, 전의식적이고, 연상적이고, 자율적(작업 기억이 필요 없다)인 반면, 성찰적 처리는 상대적으로 느리고, 노력이 필요하고, 의식적이고, 분석적이고, 규칙에 기반하고, 작업 기억을 필요로 한다. 현대 이론에서는 의사 결정에서 두 정보 처리 과정이 순차적으로 이루어지지만 상호 배타적인 과정은 아니라고 본다. 실제로 웬디 필립스Wendy Phillips와 동료들(2016)이 제안한 바에 따르면 직관적 과제에서 분석적 과제에 이르는 인지 연속선상에서 업무를 구분할 수 있으며, 해당 업무가 이 연속선상의 어느 위치에 있는지에 따라 어떤 유형의 정보 처리가 필요한지가 결정된다.

기억은 의사 결정에 어떻게 작용하는가?

심리학 문헌에 따르면 개인의 작업 기억이 좋을수록 의사 결정을 더 빨리(그리고 더 효과적으로) 할 수 있기 때문에 작업 기억과 의사 결정 간의 구체적 관계가 강조된다. 작업 기억과 의사 결정의 관계를 설명하려는 모델 중 하나가 엘케 웨버Elke Weber(2006)가 제시한 기억 선호의 체계이다. 이 모델에 따르면 기억에서 검색한 관련 지식을 바탕으로 의사 결정이 이루어지지만, 이러한 선호 체계는 복잡하기 때문에 단 한 가지의 최선책만 존재하는 것은 아니다.

기억 통합 과정에서 특정 대안에 대한 개인의 선호가 결정된다. 사람들이 기억 속에서 여러 대안의 특성에 대한 일련의 질문을 검색할 때 선호도가 형성되기 때문이다. 각 대안의 평가 이익 순서, 부정적 가능성과 긍정적 가능성 중 어느 쪽을 우선적으로 고려할 것인지가 의사 결정에 영향을 미친다. 질문이 어떤 어휘로 표현되는지도 영향을 미칠 수 있다. 질문을 어떻게 표현하는지에 따라 기억 체계의 다양한 부분이 자극을 받기 때문이다.

의사 결정 능력 개발

지식과 관련한 개념은 퍼포먼스를 위한 의사 결정 능력 향상에서 가장 핵심적인 부분이다. 직관적 의사 결정과 논리적 의사 결정 모두에서 수행자의 지식 기반 향상이 의사 결정 능력 향상을 위한 중요한 측면으로 제시되었다. 지식은 크게 서술적 지식과 절차적 지식으로 분류할 수 있다. 서술적 지식은 해당 업무 영역에서의 사실, 특징, 규칙 관계, 개념에 관한 정보를 지칭한다. 반면 절차적 지식은 업무 수행을 위해 요구되는 단계, 절차, 순서, 행위이다. 간단히 말해 절차적 지식은 업무 수행에 있어 '어떻게'의 측면을 지칭하는 반면, 서술적 지식은 '무엇을, 왜'의 측면을 지칭한다. 이러한 구분에 따르면 절차적 지식은 운동 기술을 수행할 때 나타난다. 서술적 지식은 기술 숙지에서 잘 나타나며 단편적 기억 체계와 의미론적 기억 체계에 의존한다. 여기에서 말하는 단편적 기억은 경험에 대한 개인적 기억(장기 기억)이다. 단편적 기억 체계는 구체적 사건, 시간, 장소에 대한 정보와 특히 수행자가 어떤 행동을 했는지, 특정 성과를 내기 위해 어떤 전략을 채택했는지에 대한 정보를 저장하고 있다. 반대로 의미론적 기억은 세계와 그 안에 존재하는 관계들에 대한 더 일반적 지식으로 구성되어 있다. 이러한 이론에 따르면 퍼포먼스 환경에서는 어떻게, 왜에 대한 지식(서술적 지식)을 얻는 것이 기술을 실행하는 능력(절차적 지식)을 개발하는 것보다 쉬울 수 있다.

팀 내 의사 결정

팀이 퍼포먼스 중에 일관되고 효과적인 결정을 내리기 위해서는 구성원들이 공통적으로 상황을 파악하고 특정 상황이나 사건에 어떻게 대응할 것인지에 대한 이해를 공유해야 한다. 이를 위한 한 가지 방법으로 정신적 공유 모델을 이용할 수 있다. 시뮬레이션 및 훈련 전문가인 제니스 캐넌 바우어스Janis Cannon-Bowers와 에두아르도 샐러스Eduardo Salas(2001)는 정신적 공유 모델에 대해 "팀 구성원이 갖고 있는 지식 구조로서 팀원들이 해당 업무에 대해 정확한 근거와 기대를 확립하게 해 주고, 그 결과 자신들의 행동을 서로 조율하고 해당 업무의 요구와 다른 팀원들에 맞게 자신의 행동을 조정할 수 있게 한다"(p. 228)라고 설명했다. 이러한 설명은 팀원들이 다음 네 가지 주요 사항을 함께 이해한다면 팀의 의사 결정 능력이 향상될 것이라는 사실을 전제로 한다. 즉, 장비에 대한 지식, 팀 업무(목표, 퍼포먼스의 필수 요건, 해결해야 할 문제)에 대한 이해, 팀 구성 및 자원(믿음, 선호, 기술, 습관)에 대한 인식, 팀 의사 결정 과정(팀이 특정 행동 방식을 어떻게 결정해 나갈 것인지)에 대한 이해이다. 팀 내 효과적인 정신적 공유 모델을 개발하기 위해 서술적 지식, 절차적 지식, 전략적 지식이라는 세 가지 구체적 유형의 지식이 요구된다. 특정 업무와 관련된 사실, 특징, 규칙, 아이디어는 서술적 지식으로 간주된다. 절차적 지식은 팀이 과업을 수행하는 데 필요한 단계, 순서, 행위와 관련이 있다. 전략적 지식은 성공을 위해 가장 우선시하는 업무 전략과 지식 그리고 그것들을 언제 적용할지 아는 것이다.

팀 내 전술적, 전략적 의사 결정 능력 개발

퍼포먼스 팀에서 전략적 의사 결정 능력을 개발하기 위해 이해 중심 게임 수업, 의사 결정 훈련, 전략적 훈련의 예상 반응 결과에 대한 상황 모델 등 다양한 방법이 제시되었다.

이해 중심 게임 수업

이해 중심 게임 수업Teaching Game for Understanding, TGFU에서는 전략적 훈련에 초점을 맞춘다. 기술 실행(어떻게 실행할 것인가)과 기술 선택(무엇을 실행할 것인가)에서의 올바른 의사 결정을 통해 전략적 인식이 이루어진다고 가정하기 때문이다. 이해 중심 게임 수업의 주요 목표는 '실제' 또는 수정 버전의 팀 퍼포먼스를 연습하는 것이다. 의사 결정 능력 개발을 위한 이 접근법은 특정 팀 퍼포먼스 영역의 전략적 문제들을 이해하는 것에서 시작하기 때문에 '인지에서 기술로'와 같이 묘사할 수 있다.

의사 결정 훈련

미국 출신의 스포츠 심리학자 조앤 비커스Joan Vickers는 의사 결정 훈련 과정의 축이 되는 3단계 모델을 제시했다. 의사 결정 훈련 역시 기술적 발달과 생리학적 발달의 중요성을 강조하지만 그중에서도 특히 근본적 인지 기술 개발을 강조한다. 의사 결정 훈련의 여러 활동은 '전체적 전략 훈련'이 용이하도록 설계된다. 퍼포먼스 환경의 '실제' 전략적 상황을 강조하는 전략 지향 훈련을 통해 기술을 연습하는 것이다. 첫 번째 단계에서는 연습 환경 설계를 위해 실제 퍼포먼스 환경에서 어떤 결정을 해야 하는지를 파악한다. 이 훈련 방법에 따르면 의사 결정을 내리는 데 '가장 중요한' 한 가지 인지 기술을 파악하고 그 기술을 훈련하고 개발하는 데 집중하는 것이 중요하다. 이와 관련해 예상, 주의, 패턴 인식, 집중, 기억, 문제 해결, 의사 결정의 일곱 가지 '핵심' 인지 기술이 제시되었다. 이 훈련법의 주된 근거는 주의력이라는 자원이 한정적이라는 사실이다. 두 번째 단계에서는 모의 퍼포먼스 환경에서 해당 기술을 훈련하도록 설계한다. 훈련 설계의 한 부분으로서 반응 선택 과정(결정)에 대한 피드백을 주기 위해 '인식 유발 요인'을 파악한다. 비커스는 객체 단서, 위치 단서, 시선 고정, 기억 단서, 반응 시간, 운동 감각 단서, 자기 코칭 단서의 일곱 가지 인식 유발 요인을 제시했다. 세 번째 단계에서는 다양한 맥락에서의 의사 결정 훈련을 위해 다음의 일곱 가지 의사 결정 도구 중 하나를 사용한다. 가변적 연습, 무작위 연습, 수준별 피드백, 질문, 동영상 피드백, 어려운 내용 우선 지도 및 모델링, 외적 집중 지도가 포함된다.

전략적 훈련의 예상 반응 결과에 대한 상황 모델

마르쿠스 랍Marcus Raab이 2007년에 개발한 전략적 훈련의 예상 반응 결과에 대한 상황 모델Situation Model of Anticipated Response Consequences of Tactical training, SMART에서는 상황의 복

잡성에 따라 암묵적 학습 과정과 명시적 학습 과정을 모두 이용해야 한다고 주장한다. SMART 모델의 기본 원칙은 상황, 동작, 환경에 미치는 영향을 미리 그려 봄으로써 퍼포먼스 팀 내 결정이 이루어진다는 사실이다. 암묵적 또는 명시적 인식을 통해 선택지가 만들어지고, 그 결과 선택에 영향을 미치고, 최종적으로 선택의 효과(결과)를 낸다. SMART 모델에서는 각 영역별로 학습을 통해 의사 결정 훈련이 이루어진다. 암묵적 학습과 명시적 학습은 교육 과정에서 지시가 이루어지는지 여부에 따라 구분되며 규칙을 명시적으로 설명한 경우에만 명시적 학습이 이루어진다. SMART 모델에서는 선택지 생성 및 결정을 위해 특정 상황에 대한 암묵적 혹은 명시적 인식이 필요하므로 분야별로 고유한 특성을 지닌다.

지식 기반의 개입

수 맥퍼슨Sue McPherson과 마이클 커넬Michael Kernodle(2003)의 견해에 따르면 전문가는 행동 계획과 현안에 대한 프로필 생성을 통해 더 우수한 의사 결정 능력을 갖추었다. 수행자는 이러한 행동 계획 프로필을 활용해 의사 결정을 위한 분야별 일반 규칙들을 작동시키므로 어떤 상황이 발생하면(테니스 선수가 테니스 코트 뒤쪽에 있다) 특정 방식으로 반응해야 한다. 현안 프로필에는 반응 과정의 지침이 되는 전략적 각본과 상황의 표본이 담겨 있다. 과거, 현재, 미래 사건에 대한 정보가 수행자의 기억에 저장되고 이러한 정보는 관찰을 통해 적절하게 활성화 또는 업데이트된다.

이 현안 프로필은 이전 경험을 현재 퍼포먼스 상황과 연결시키는 전문적 과정을 통해 수행자가 더 최근 정보에 접근할 수 있게 돕는다. 이를 바탕으로 뇌가 정보를 어떻게 처리하고 퍼포먼스를 어떻게 제어하는지를 결정하는 지각-인지 기술, 지식, 메커니즘에 변화가 일어나고 최종적

표 4.1 의사 결정에 관해 기억해야 할 핵심 사항

1. 의사 결정은 특정 행동 방식을 선택하는 것이다.
2. 직관적 결정은 경험과 지식에 근거한다. 따라서 지식과 경험이 많을수록 '직감'이 효과적 결정이 될 가능성이 더 높아진다.
3. 대개 사람들은 이상적 결정보다 효과적 결정을 추구한다.
4. 감정 상태가 의사 결정에 영향을 미칠 수 있기 때문에 차분한 상태일수록 효과적 결정을 내릴 가능성이 높아진다.
5. 모두가 '같은 생각'으로 의사 결정에 임할 수 있도록 팀에서 '이해 공유'가 이루어지는 것이 중요하다.

표 4.2 퍼포먼스를 위한 실용적 의사 결정 전략

1. 의사 결정에 있어서는 자신의 선택뿐 아니라 필요한 기술을 실행할 수 있는 능력 또한 중요하다. 그러므로 양쪽 모두 연습해야 한다.
2. '실제 환경'을 많이 연습할수록 어떤 결정은 직관적 성격이 더 짙어진다.
3. 생각할 수 있는 시간적 여유가 있는 의사 결정의 경우 연습 중에 관련 '전문가'와 선택지에 대해 충분히 이야기를 나눈다.
4. '즉각적' 의사 결정의 경우도 선택지에 대해 충분히 이야기를 나누는 것이 중요하다. (다만 연습 이외 시간에 한다.)
5. 피로가 의사 결정에 영향을 미칠 수 있기 때문에 가능한 충분히 쉬고 체력과 건강을 유지한다.
6. 수분 섭취, 영양 상태, 산소 공급 등 다른 요인들도 의사 결정에 모두 영향을 미친다. 따라서 수분 섭취를 꾸준히 하고 균형 잡힌 식단을 유지한다.
7. 압박감 속에서는 의사 결정이 어려우므로 미리 의사 결정을 연습해 본다(예를 들어 축구에서 페널티킥).
8. 팀 내 의사 결정에서는 반드시 모든 팀 구성원이 서로의 역할을 알고 팀의 성공을 위해 자신이 어떤 역할을 해야 하는지 알아야 한다.
9. 비슷한 결정을 쉽게 할 수 있도록(또는 어떤 결정을 해야 할지 예상할 수 있도록) 합의된 결정 '방식'을 갖추어야 한다.
10. 연습, 연습, 또 연습한다!

으로 예상 및 의사 결정 능력 향상의 토대가 된다.

수행자의 지식 기반이 어떻게 의사 결정 수행에 영향을 미치는지에 대한 이해는 의사 결정 교육 및 개발 방식에 중요한 영향을 미칠 수 있다. 예를 들어 단순히 더 많은 지식이 더 훌륭한 퍼포먼스를 의미하는 경우라면 지도자와 수행자는 더 높은 수준의 지식을 학습하고 개발하는 데 중점을 두어야 한다. 하지만 구체적 퍼포먼스 상황에서의 지식과 의사 결정 수행에 대한 연구는 거의 이루어지지 않았다.

성공적 의사 결정은 퍼포먼스 성공의 기초

의사 결정은 퍼포먼스의 근본적 측면이다. 의사 결정을 위해서는 올바른 선택을 하고 무엇을 할지를 아는 것(서술적 지식)뿐 아니라 필요한 기술을 어떻게 실행할지를 아는 것(절차적 지식)도 중요하다. 의사 결정에 기억이 중요한 역할을 한다는 사실을 인식하는 것 또한 중요하다. 특히 기억과 이러한 기억에 대한 회상 및 해석이 고정된 것이 아니며 감정 등의 다른 요인들과 상호 작용을 통해 변화하고 진화

한다는 사실을 인지해야 한다.

의사 결정의 과정과 결정에 영향을 미치는 요인들을 명확히 파악하는 것은 퍼포먼스를 위한 효과적 의사 결정 능력을 개발하기 위한 첫 단계이며 특히 팀과 개인 모두를 위한 의사 결정 훈련 환경을 설계하는 데도 중요하다.

05

심리적 퍼포먼스를 결정짓는 요인

다양한 요인들이 퍼포먼스에 영향을 미치는 것으로 알려졌다. 그중 다수는 본질적으로 심리적 요인들이며 개인적 차원에서 작용한다. 예를 들어 수행자의 마음가짐은 퍼포먼스에 근본적 영향을 미치는 요인으로 여겨진다. 마음가짐이 중요한 이유는 퍼포먼스를 위한 '최적의 마음가짐'을 개발할 수 있는 능력과 관련이 있기 때문이다. 최적의 마음가짐이란 수행자가 압박감 속에서 효과적으로 기술을 실행할 수 있게 해 주는 정신 상태를 말한다. 영양 섭취, 휴식과 회복(예를 들어 수면의 질과 지속 시간) 등 심리적 '구조' 차원의 요인들도 퍼포먼스에 영향을 미친다. 광범위한 마음가짐의 개념 외에도 퍼포먼스에 영향을 줄 수 있는 구체적인 심리적 기술과 기법이 있다. 예를 들어 압박감을 처리하는 능력과 목표 설정, 이완 및 명상, 형상화, 자기 대화, 퍼포먼스 전 루틴 개발 등 상호 보완적 심리 기술들 또한 중요하다. 팀과 관련해서, 퍼포먼스 결과에 긍정적 영향을 미치는 요인으로는 명확한 역할 분담, 리더십, 결속력 등이 있다. 팀 정서 또한 중요한 영향을 미친다. 5장에서는 이러한 구체적 요인들을 자세히 살펴보고 이 요인들이 퍼포먼스에 어떤 영향을 미치는지, 퍼포먼스 결과를 향상시키기 위해 이러한 지식을 어떻게 활용할 수 있을지 생각해 볼 것이다.

개인적 요인은 어떻게 퍼포먼스에 영향을 미치는가?

마음가짐의 중요성

사람들이 세상을 어떻게 바라보는지가 지속적 성공 가능

성에 영향을 미치는 중요한 요인으로 제시되었다. 성격 심리학을 주로 연구하는 스탠퍼드 대학교 심리학과의 캐롤 드웩Carol Dweck 교수는 자신의 재능과 능력을 어떻게 보는지에 따라 사람들의 '유형'을 두 가지로 개념화했다. 드웩 교수는 사람들의 유형을 사고방식에 따라 '고정형' 또는 '성장형'으로 나누었다. 고정형에 속하는 사람들은 재능과 능력이 단순히 고정되어 있다고 믿는다. 이들은 자신들이 특정한 양만큼의 능력을 지녔고 이것은 변하지 않는다고 생각한다. 이러한 경우 수행자가 자신이 재능이 있다는 사실과 재능이 있어 보이는 부분에 너무 집중한 나머지 퍼포먼스와 관련된 실제 잠재력을 완전히 발휘하지 못한다. 반면 성장형 마음가짐을 가진 사람들은 재능과 능력을 노력, 연습, 지도를 통해 발전시킬 수 있는 자원으로 본다. 이러한 시각에서 재능은 계속해서 확장하고 발전시켜 나갈 수 있는 것이지 고정된 것이 아니다. 여러 연구에서 계속 보고되고 있는 바와 같이 성장형 마음가짐은 시간이 지날수록 연습과 학습에 대해 보다 건전한 태도를 강화하고, 피드백에 주의를 더 기울이고, 역경에 대처하는 능력과 퍼포먼스를 향상시킨다. 드웩 교수는 고정형 마음가짐을 취하면 두 가지 중요한 이유 때문에 문제가 야기될 수 있다는 의견을 제시하기도 했다. 첫째, 이러한 마음가짐을 가진 사람들에게는 다른 무엇보다 재능이 있어 '보이는 것'과 똑똑해 '보이는 것'이 중요하다. 그 결과 연습 방식에 있어서도 기본적으로 연습에 너무 많은 시간을 할애하지 않으려고 한다. 이는 두 가지 이유 때문이다. 첫째, 능력은 이미 정해져 있고(따라서 연습을 한다고 크게 달라지지는 않는다) 둘째, 연습이 덜 필요할수록 재능이 뛰어나다고 확신하는 것이다. 이러한 세계관은 일찍 두각을 나타낸 재능 있는 수행자들에게서 나타난다. 이들은 열심히 노력하는 법을 배우지 못하기 때문에 뒤늦게 발달하는 사람들이 따라잡으면 곧 뒤처지게 된다. 고정형 마음가짐이 문제가 되는 두 번째 이유는 이러한 마음가짐을 가진 사람들이 실수나 결함을 감추거나 무시하려는 경향이 있기 때문이다. 그 결과 이들은 이러한 부분을 개선할 수가 없고 스스로 장래의 퍼포먼스 잠재력에 제한을 받게 된다.

드웩 교수는 성장형 마음가짐을 선택하면 얻을 수 있는 장점을 크게 세 가지 측면으로 나누었다. 첫째, 성장형 마음가짐을 가진 사람들의 핵심적 목표는 학습이다. (연습을 통해) 항상 발전할 수 있다는 믿음이 이러한 세계관의 근거가 된다. 따라서 연습에 더 많은 투자를 할수록 퍼포먼스와 관련한 잠재적 이익이 더 커진다. 이러한 성향의 사람들은 학습 과정을 주도하고 학습과 연습에 투자한 시간 대비 이익을 최대화할 것이다. 둘째, 노력이 향후 성공의 열쇠가 되듯이 열정과 헌신 또한 결과에 영향을 미칠 것이다. 마지막으로, 성장형 마음가짐을 가진 사람들은 자신의 실수를 받아들이고 자신의 결함에 정면으로 맞선다. (그리고 실수를 통해 배운다.)

최적의 마음가짐을 갖추는 법

대개 퍼포먼스가 잘 이루어질 때 사람들의 마음 상태는 모든 것이 '편안하게' 느껴지고 퍼포먼스 결과가 좋을 것이라는 자신감이 최고조에 달한다. 이러한 상태를 경험할 때 퍼포먼스가 수월하게 느껴지고 자신이 무엇을 하고 있는지에 대해 생각할 필요가 없으며, 그러면서도 쉽게 주의가 흐트러지지 않는다. 이러한 '최적의 퍼포먼스 상태'는 흔히 '무아지경'이나 '흐름'을 탄다고 표현된다. 구체적으로 말하자면, 이러한 흐름을 느낀다는 것은 보통의 혹은 평범한 상태를 최적의 상태로 끌어올리는 내적 과정과 관련이 있다.

이 흐름이 어떤 것인지 좀 더 자세하게 설명하기 위해 심리학 연구자인 수잔 잭슨Susan Jackson과 미하이 칙센트미하이Mihaly Csikszentmihalyi(1999)는 다음의 상황에서 수행자가 이러한 흐름을 탄다고 주장했다.

> 그들은 무엇을 해야 할지 알고 성공할 수 있다고 믿는다. 이들의 마음 속에는 순서가 정해져 있고 뚜렷한 목표 의식으로 인해 생각을 오롯이 집중할 수 있기 때문에 자신에 대한 걱정이나 자신의 문제에 주의를 돌릴 틈이 없다. 완전히 행동에만 집중하게 된다. 선수들은 자신의 행동과 깊은 조화를 이루고 있기 때문에 경기의 미묘한 차이도 금세 알아차리고 행동을 조절해 계속 이 흐름을 유지한다.

이러한 흐름이란 실제로 다수의 중요한 심리학적 요인을 경험하는 것이기도 하며 이때 신체와 정신이 별 노력 없이도 협업을 하는 것으로 보인다. 흥미롭게도, 이러한 흐름이란 아예 경험하지 못하거나 완벽한 경험이라는 이분법으로 구분할 수 없다. 흐름은 조금 경험하는 것부터 많은 경험까지 연속선상에 존재한다. 여기서 가장 핵심은 수행자가 판단하는 업무의 난이도(얼마나 어려운지)와 자신이 소유하고 있는 기술의 수준(해당 업무를 수행할 수 있는지) 사이에 균형이 맞아야 한다는 사실이다.

흐름과 관련하여 심리학에서 더 깊은 연구가 이루어졌으며, 그 결과 흐름은 다음과 같이 구체적 양상을 띠는 것으로 밝혀졌다.

- 난이도와 기술 수준 간의 균형
- 행동과 인식의 융합(자연스러운 발생)
- 뚜렷한 목표 갖기
- 명확한 피드백 받기
- 현재 업무에 완전히 몰입하기
- 상황을 장악하기
- 몰아의 경지를 경험
- '평범한' 시간 개념을 잊음
- 단순히 그 순간 즐기기

이러한 요인들을 기반으로, 흐름의 상태를 경험할 가능성을 높이기 위해 추천되는 구체적 기술들이 많이 있다. 그중 일부는 다음과 같다.

- 기량을 발휘하겠다는 열의를 가지기
- 퍼포먼스 전에 생리적 흥분 수준을 최적의 상태로 만들기(예를 들어, 심박수 조절)
- 특정 시점에 자신이 어떤 역할을 할 것인지를 명확히 보여 주는 경기 전, 경기 중 계획 세우기
- 자신이 훈련이 되었다는 사실을 인식하고 준비되었다고 느끼기(준비되었다는 느낌을 갖기 위해 훈련한 것임을 잊지 말기)
- 최적의 환경 만들기(지원 담당자, 팀 구성, 물리적 설비)
- 강한 집중력 갖기(어디서 추진력을 얻을 수 있는가?)
- 자신의 능력에 확신 갖기(긍정적인 마음가짐을 토대로)
- 긍정적인 팀 분위기 조성하기(서로 힘이 되어주고 소통하기)
- 경쟁에 참여하고 흐름 경험하기

퍼포먼스를 제한하는 정신적 요인

퍼포먼스에 영향을 미칠 수 있는 많은 심리적 요인이 있다. 실제로 심리적 퍼포먼스에 영향을 미칠 수 있는 이러한 많은 요인은 대체로 '외부' 요인으로 볼 수 있다. 예를 들어 휴식과 회복의 질은 심리적 퍼포먼스에 영향을 미치는 중요한 요인이며, 이 중 가장 중요한 요인은 수면이다. 수면의 질과 양 중 어느 한쪽이라도(혹은 양쪽 모두) 감소하면 심리적 퍼포먼스에 큰 영향을 받는다. 단 하룻밤이라도 수면이 부족하면 인지 활동, 경각심, 반응 속도, 집중력, 일반적 인지 수행 능력이 저하된다. 또한 피곤할 때는 감정 조절력도 떨어진다.

음식 및 음료 섭취도 심리 작용에 영향을 미친다. 특히 뇌에 미량 영양소 공급이 강조되는데, 주요 비타민과 무기질 부족은 심리 작용에 근본적인 영향을 미칠 수 있다. 식단에 주요 비타민과 무기질이 부족한 경우 멀티 비타민 보충제 복용이 긍정적 영향을 미칠 수 있다는 근거가 있다. 하지만 '과보충'을 권할 만한 증거는 없다. 실제로 특정 비타민과 무기질 섭취 비중이 높을 경우 건강 및 행복에 심각한 역효과를 초래할 수 있다. 음식 섭취 시간 또한 잠재적 영향을 미친다. 심리학 연구에서 상대적으로 일관되게 나타나는 결과에 따르면 점심 이후 음식 섭취는 퍼포먼스 저하로 이어진다. '점심 이후 감소'는 지속적인 주의가 필요한 업무(예를 들어 수업이나 회의 참여)에 더 큰 영향을 미친다. 이와 더불어 매끼 식사를 통해 섭취한 영양 성분도 퍼포먼스의 차이를 가져온다. 예를 들어 탄수화물 비율이 높은 아침 식사는 오전 시간대의 퍼포먼스를 향상시킬 수 있다. 하지만 탄수화물은 섭취 시점을 중요하게 고려해야 한다. 후속 연구에서는 고지방 식사에 비해 탄수화물 비중이 높은 점심 식사는 주의력과 반응 속도를 더 크게 떨어뜨린다고 보고되었다. 하지만 좋은 것이라고 너무 많이 섭취해서는 안 된다. 고지방 점심 식사는 졸음, 혼란, 불확실성을 일으킬 수 있기 때문이다.

이러한 '외부' 요인들 외에도 심리적 작용에 영향을 줄 수 있는 중요한 내부 요인도 많다. 그중 가장 중요한 요인은 압박감과 그에 따른 스트레스와 불안감 경험이다. 압박감은 내면에 형성되는 개념이기 때문에 '내부' 요인으로 간주된다. 압박감을 느낀 경험이 많을수록 퍼포먼스에 잠재적으로 더 큰 영향을 받는다. 압박감으로 인한 부정적 작용으로는 퍼포먼스에 대해 '지나치게 오래 생각하는' 경향을 들 수 있다. 이에 대해 리처드 마스터즈Richard Masters(1992) 심리학 교수는 '재투자' 과정이라는 개념을 제시했다. 마스터즈 교수는 압박감을 느끼면 이른바 '탈자동화' 상태가 될 수 있고 이는 기술 실행 실패로 이어질 수 있다고 말한다. 이때의 탈자동화는 숙련된 퍼포먼스의 자동적 실행이 중단되는 상황을 말한다. 탈자동화는 개인 수행자가 명백하게 이용 가능한 지식을 이용해 기술을 실행하려고 할 때 발생하며, 이러한 과정은 '행위와 인식에 주의를 재투자하는 것'으로 묘사된다. '분석에 의한 마비'라는 용어로 묘사되는 이러한 현상은 가장 숙련된 수행자에 이르기까지 모든 수준의 수행자에게 영향을 미칠 수 있다.

압박감, 스트레스, 역경에 어떻게 대응해야 하는가?

기본적으로 대응은 사건과 경험을 다루는 능력과 연관이 있다. 심리학 교수인 리처드 라자루스Richard Lazarus와 수전 포크만Susan Folkman(1984)은 대응이란 "어떤 사람의 능력과 수단을 넘어서는 아주 힘든 외적 혹은 내적 요구 사항을 감당해 내기 위해 끊임없이 변화하는 인지적, 행동적 노력"(p. 141)이라고 설명했다.

퍼포먼스에 초점을 맞췄을 때 특히 주목할 만한 부분은 압박감, 역경, 스트레스에 대응하는 능력이다. 압박감 대응은 압박 상황을 인지하고 처리하는 능력과 관련이 있다. 역경에 대한 대응은 잘못된 상황을 처리하는 능력과 관련이 있다. 스트레스에 대응하는 방법은 압박감으로 인해 경험하게 되는 스트레스를 처리하는 능력과 관련이 있다. 세 가지 경우 모두 간단하지 않다. 상황에 대한 해석에는 두 가지 측면이 있기 때문이다. 첫 번째는 스트레스와 압박이 얼마나 심한지, 역경이 얼마나 심각한지이다. 두 번째는 대응 능력과 관련이 있다. 어떤 수행자는 큰 역경에도 굉장히 쉽게 대처할 수 있는 반면 다른 수행자는 상대적으로 작은 역경이나 스트레스 상황에 대응하는 것도 어렵게 느낄 수 있다. 그 이유는 구체적 사건들을 처리하는 능력은 사람마다 큰 차이가 있고 이 대응 능력은 시간이 지남에 따라 변화하기 때문이다. 어떤 수행자가 A 시점에는 잘 대응했다 하더라도 B 시점에는 비슷한 상황이라도 잘 처리하지 못할 수 있다. 일반적으로 오랜 시간에 걸쳐 성공을 거둔 사람들은 압박, 역경, 스트레스에 대응할 수 있는 자신만의 전략을 개발한 것이다.

가장 효과적인 대응 전략은 사실 대응 그 자체가 절대 아니다. 실제로 어떤 수행자가 특정 상황을 바라보는 방식이나 해석하는 방식을 바꿀 수 있다면, 그는 압박감을 느끼지 않고 스트레스를 받지 않는 능력을 개발할 수 있다. 물리학적 개념으로 보자면 압박은 어떤 대상에게 가해지는 힘이나 무게와 관련이 있다. 반면 심리학적 개념에서 말하는 압박은 자기 자신에 의해 결정된다. 대체로 압박감은 가족, 친구, 팀 구성원, 동료, 지도자, 감독 등 다른 사람들의 기대와 관련이 있다고 인식된다. 하지만 중요한 것은 이러한 기대에 대한 본인의 인식이다. 보통 어떤 상황에 압박감을 느끼는 이유는 다른 사람들이 어떻게 생각하는지에 신경을 쓰기 때문이다. 자신의 필요와 욕구에서 비롯되는 내적 압박감도 있을 수 있다. 궁극적으로 이러한 기대에 대한 인식이 바뀔 수 있다면 사람들이 경험하는 압박감 역시 완화될 수 있다.

문제 자체와 감정이라는 두 가지 대응 전략

대응에 관한 심리학 연구 문헌에서는 문제 중심 대응과 감정 중심 대응을 분명히 구분한다. 문제 중심 대응이란 고통을 일으키는 문제를 변화시키는 데 중점을 두는 것을 말한다. 이러한 변화를 위한 전형적 접근 방법으로는 문제 해결과 노력 증가 등이 있다. 감정 중심 대응은 감정적 반응과 그로 인한 고통을 조절하기 위한 전략을 채택한다. 채택할 수 있는 전략 중에는 철회 행동(상황에서 물러서기), 희망적 사고, 부정, 감정 분출 등이 있다.

대응 자원이란 무엇인가?

대응 자원은 삶에서 겪는 문제, 실망, 스트레스에 대처하는 데 도움이 될 수 있는 다양한 인지·행동·사회 요인과 관련이 있다. 일반적인 대응 자원으로는 양질의 수면, 체력, 영양과 수분, 시간 관리 등이 있다. 이와 더불어 강력한 사회적 지원 또한 퍼포먼스에서, 더 넓게는 삶에서 요구되는 사항을 수행자가 처리하는 데 도움을 줄 수 있다는 시각도 존재한다. 사회적 지원이 스트레스에 '완충제' 역할을 한다는 생각이 그 근거이다. 실제로 강력한 사회적 지원은 행복지수 상승, 스트레스로 인한 질병의 감소, 만족감 상승, 새로운 도전 과제를 처리하는 능력 향상으로 이어진다. 연구 문헌에서는 사회적 지원을 좀 더 구체적으로 구분하고 있으며 감정적 지원(사랑과 관심을 받고 있다는 기분), 가시적 지원(재정 지원과 보조 등), 정보 지원(정보와 조언)으로 세분화한다.

퍼포먼스 결과를 향상시킬 수 있는 전략들

심리적 기술 훈련

퍼포먼스 성과를 극대화하기 위한 한 가지 방법은 핵심을 인지하는 심리학적 기술 개발에 집중하는 것이다. 심리 기술 훈련은 정신적(심리적) 기술을 개발하기 위한 체계적 접근법을 지칭하는 용어로 퍼포먼스 결과 향상, 즐거움 및 만족감 증가를 목적으로 한다.

이러한 심리적 기술의 효과를 최대화하기 위해서는 체계적이고, 목표 지향적이고, 계획되고, 통제되고, 평가되는 방식으로 기술이 개발되어야 한다. 심리 기술 훈련에 주목한 일부 연구자들은 바람직한 결과(예를 들어 자신감 향상과 집중력 강화)인 심리적 기술과, 체계적 적용을 통해 바람직한 결과를 유도하는 수단인 심리적 기법이나 테크닉(예를 들어 형상화와 자기 대화)을 구분했다.

지난 20년간 수행자가 퍼포먼스 향상을 위한 심리적 기술을 개발하는 데 도움을 주는 다양한 구체적 기법이 제시되었다. 형상화, 인지 재구성, 자기 대화, 이완 기법, 목표 설정, 집중 등 압박감 속에서의 수행이 개인 수행자에게 미칠 수 있는 영향을 완화할 수 있는 구체적 심리 기술이 많은 연구에서 언급되었다.

목표 설정

목표와 목적 설정은 다양한 영역에서 지속적으로 퍼포먼스 결과를 향상시키는 요인이라고 보고된다. 실제로 목표 설정은 매우 일관되고 강력한 퍼포먼스 향상 전략이라고 설명할 수 있다. 증거가 시사하는 바에 따르면 목표 설정이 행동, 동기 부여, 퍼포먼스에 상당한 영향을 미치기 때문이다. 많은 연구 결과를 통해서도 목표 설정이 퍼포먼스 향상에 특히 효과적이고, 다양한 유형의 목표 조합에 집중할 때 행동에 긍정적 영향을 주는 것을 알 수 있다. 목표 설정은 뚜렷하게 구분되는 네 가지 방식으로 퍼포먼스에 영향을 미치기 때문에 특히 효과적이다. 첫째, 목표가 있으면 수행하려는 기술과 업무의 중요한 요소들에 주목하게 된다. 둘째, 목표가 있으면 개인 수행자와 팀이 노력을 지속할 수 있다. 셋째, 목표가 있으면 개인 수행자와 팀이 지속적으로 끈기를 발휘할 수 있다. 마지막으로 목표 중심의 활동은 새로운 학습 전략과 문제 해결 전략 개발을 강화하는 데 도움이 된다.

목표 설정에 관한 연구 문헌에서는 일반적으로 목표를 크게 두 개의 범주로 분류한다. 첫 번째 범주에서는 목표를 결과, 퍼포먼스, 과정 중심으로 분류한다. 두 번째 범주에서는 장기 목표 또는 단기 목표로 분류한다. 결과 중심 목표는 우수한 퍼포먼스와 관련 있는 궁극적 결과에 초점을 맞추며 주로 우승에 집중한다. 유감스럽게도 이런 유형의 목표는 달성 여부가 개인 수행자의 능력 밖인 경우가 많다. 다른 사람들의 퍼포먼스 등 다양한 환경적 요인도 결과에 영향을 미치기 때문이다. 따라서 결과 중심 목표는 스트레스를 유발할 수 있다. 퍼포먼스 중심 목표는 개인의 특정 퍼포먼스 달성 등 개인 수행자의 명확한 퍼포먼스와 연관이 있다. 과정 중심 목표는 보통 특정 기술이 어떻게 실행되는지에 초점을 맞춘다. 과정 중심 목표는 연습과 퍼포먼스 영역 모두에서 유용하다. 여러 목표 설정 전략(결과, 퍼포먼스, 과정 중심 목표)을 조합하여 사용하면 한 가지 유형의 목표에만 의존할 때보다 결과가 훨씬 좋아진다는 증거가 있다.

위에서 설명한 것처럼 목표를 세 가지 유형으로 구분할 수도 있고 단기 목표와 장기 목표로도 구분할 수 있다. 장기 목표는 궁극적 목표로 간주된다. 올림픽 참가 선수들에게 장기 목표는 4년 후에 개최되는 다음 올림픽에서의 메달 획득일 것이다. 단기 목표는 좀 더 즉각적이면서 장기 목표 실현을 위한 디딤돌 역할을 한다. 성공적 수행자는 최대의 효과를 거두기 위해 장·단기 목표를 혼합해서 세워야 한다. 실제 연구 결과에 따르면 열의와 퍼포먼스를 장기적으로 유지하기 위해서는 장·단기 목표 모두 필요한 것으로 나타났다.

다양한 심리학 연구 문헌 내의 여러 출처에서 목표 설정을 위해 SMART 접근법을 권고한다. 효과적 목표는 구체적이고specific, 측정 가능하며measurable, 행동과 관련이 있는action-related 동시에, 현실적이고realistic, 일정이 정해져 있다timetabled. 목표를 설정할 때 그 중요성에도 불구하고 보통 간과되는 측면은 과정과 성취에 대한 평가와 재평가 부분이다. 이러한 평가를 통해 현재 과정을 관찰할 수 있고 목표의 실현 가능성을 최대화하기 위해 필요한 경우 변화를 줄 수 있다.

이완과 명상

퍼포먼스에 구체적으로 어떤 마음가짐이 요구되는지에 따라, 이완 기법을 비롯하여 수행자가 긴장을 푸는 데 도움이 되는 여러 방식이 퍼포먼스 촉진에 매우 효과적일 수 있다. 이완 기법은 크게 '근육에서 뇌로의 이완muscle to mind'과 '뇌에서 근육으로의 이완mind to muscle'으로 분류할 수 있다. 근육에서 뇌로의 이완 기법에는 호흡 운동과 점진적 근육 이완법(신체 내 주요 근육 그룹을 점진적으로 긴장시켰다가 이완한다) 등이 있다. 뇌에서 근육으로의 이완 기법에는 명상과 자율 훈련법(일련의 시각화 연습이 기초가 된다) 등이 있다. 이러한 구체적 기법 중 다수는 산소 소비 감소, 심박수 및 호흡 감소, 주의력 통제 등 전반적 목표가 동일하다.

이와 관련된 또 다른 기법으로 마음 챙김 기법이 있다. 마음 챙김 기법은 크게 두 갈래로 나눌 수 있다. 첫 번째는 존 카밧 진Jon Kabat-Zinn(2003)이 불교의 명상 훈련을 이용하여 발전시킨 것으로 보통 동양식 접근법이라고 한다. 카밧 진의 마음 챙김에 대한 정의는 불교 철학에 뿌리를 두고 있으며 "특정 방식으로, 즉 의식적으로, 지금 이 순간, 아무런 판단 없이 관심을 집중하는 것"이다(p. 4). 이러한 관점을 지닌 사람들에게 마음 챙김이란 맥락에 따른 정보를 적극적으로 처리하는 것이 아니라 현재 발생하는 모든 상황을 무반응적으로 인지하고 무조건적으로 수용하는 것이다. 마음 챙김 개념에 대한 동양적 해석은 현재까지 주로 임상 심리학자들에 의해 널리 이용되고 있으며 스포츠 퍼포먼스 향상법의 근간을 이루는 기본 시각이기도 하다. 카밧 진의 동양적 접근과는 상반되게 랭거Langer와 동료들(1989)은 마음 챙김에 대한 서양적 접근을 시도했다. 이러한 서양적 접근법에서는 마음 챙김을 인지적 현상으로 보고 퍼포먼스, 심리적 행복, 건강에 관한 인지 상태인 마음 챙김과 그렇지 못한 상태를 대조하여 살펴본다. 2000년 랭거는 몰도비아누Moldoveanu와 함께 마음 챙김을 적극적이고 노력을 요하는 의식적 자각의 형태로 개념화하고 "깊은 몰두와 각성 상태를 필요로 한다"고 설명했다(p. 2). 하지만 마음 챙김을 어떤 개념으로 이해하든 마음 챙김 기법을 이용하면 긍정적 심리 상태와 그에 따른 행복 지수를 증가시킬 수 있고 다양한 신체적, 심리적 질환을 줄일 수 있을 뿐 아니라 건강한 사람들의 기능 또한 한층 개선할 수 있다.

형상화

형상화는 수행자가 퍼포먼스 준비와 강화를 위해 이용하는 가장 인기 있는 심리학적 기술이다. 형상화(특히 시각화)는 기술 학습, 퍼포먼스 준비, 재활에서 효과를 보인다. 수행자가 가장 많이 이용하는 형상화의 형태인 시각화는 구체적 맥락과 시나리오를 '그려 보는 것' 혹은 '상상하는 것'이다. 형상화 기법의 빈번한 사용은 다양한 퍼포먼스 분야에서 최고의 기량을 보이는 수행자들이 공통적으로 가진 특징이라고 보고된다. 시각화가 형상화의 주된 부분을 차지하지만 상상을 통한 경험인 형상화는 다양한 감각(예를 들어, 시각, 미각, 청각)을 활용할 수 있다는 사실에 주목해야 한다. 형상화의 중요한 측면은 형상화가 의식적 통제 아래 이루어진다는 것이다. 이는 근본적으로 꿈을 꾸는 것과는 다르기 때문에 사람들은 장기 기억 속에서 정보를 검색해 머릿속으로 어떤 상황들을 경험 또는 재경험할 수 있다.

다른 많은 심리학적 기술과 마찬가지로 형상화 활용 역시 개인차가 크다. 가장 큰 이유는 사람들마다 '형상화 능력'이 차이가 나기 때문이다. 토니 모리스Tony Morris, 마이클 스피틀Michael Spittle, 앤서니 와트Anthony Watt(2005)는 형상화 능력에 대해 "생생하고 통제 가능한 이미지를 만들어 내서 원하는 효과를 낼 만큼 충분한 시간 동안 유지할 수 있는 개인의 능력"(p. 60)이라고 구체적으로 정의했다.

모든 사람이 이미지를 만들어 낼 수 있는 능력이 있지만 생생함(이미지가 얼마나 명확한가), 통제력(시각화한 이미지를 어느 정도로 바꿀 수 있는가), 운동 감각(실제처럼 느껴지는가), 편안함, 감정적 경험(실제와 동일한 핵심적 감정을 끌어내는가) 등에 있어 개인별로 차이를 보인다. 심리학 연구 문헌을 보면 사람들의 형상화 능력은 보편적이지는 않으며 형상화 형태와 관점에 따라(수행자가 상상 속 장면을 어떤 위치에서 보고 있는지) 이미지를 만들어 낼 수 있는 능력이 사람마다 다르다는 사실을 확인할 수 있다. 여러 연구에서는 정신적 형상화 능력은 연습을 통해 향상시킬 수 있다는 사실도 보여 준다.

시각화는 퍼포먼스에 필요한 동작을 보는 것으로, 외부적 시점과 내부적 시점이라는 두 가지 다른 시점에서 경험 가능하다. 외적 시각화는 해당 동작을 수행하고 있는 자신을 다른 사람의 시각에서 보는 것인 반면 내적 시각화는 마치 실제로 해당 동작을 수행하고 있는 것처럼 자신의 눈을 통해 동작을 보는 것이다.

자기 대화

자기 대화 기법은 구체적 언어 단서 활용을 기반으로 하는 인지 기법이다. 자기 대화 기법의 목표는 적절한 반응을 유도함으로써 학습을 용이하게 하고 퍼포먼스를 향상시키는 데 있다. 다양한 범주의 퍼포먼스 분야와 상황에서 자기 대화 기법을 사용해 성공적으로 퍼포먼스를 향상시킬 수 있다는 여러 증거가 존재한다.

스포츠 심리학자인 제임스 하디James Hardy, 에밀리 올리

버Emily Oliver, 데이비드 토드David Tod(2009)는 자기 대화의 개념적 틀을 제시하여 자기 대화와 퍼포먼스의 관계에 영향을 준다고 생각되는 다양한 요인들을 보여 주었다. 하디와 동료들은 자기 대화가 인지, 동기 유발, 행동, 정서와 연관된 네 가지 메커니즘을 통해 운동 기술 실행을 향상시킨다고 주장했다. 인지 메커니즘은 정보 처리와 주의 통제를 아우른다. 수행자들은 주의력 기반의 성과(예를 들어, 집중)를 내기 위해 자기 대화를 이용한다고 밝혔으며 실험 연구 결과를 보면 자기 대화가 주의를 바로잡고 잡념을 줄이기 위해 이용할 수 있는 유용한 보완 전략임을 알 수 있다.

동기 유발 메커니즘에서는 자기 효능감과 끈기 또는 장기 목표 집중에 대해 설명한다. 자기 대화의 사용은 끈기와 연관이 있으며 어려운 업무에 대한 지속적인 퍼포먼스 향상으로 이어진다. 행동 메커니즘은 자기 대화가 행동에 미치는 직접적 영향을 지칭한다. 연구 결과 주관적으로 평가한 기술과 객관적으로 평가한 기술 모두 자기 대화로 인해 향상되는 것으로 나타났다. 기술 학습의 초기 단계에서 초보자는 동작을 하면서 자신에게 '혼잣말'을 할 수 있다. 마지막으로, 정서적 메커니즘은 정서(느낌, 기분, 감정)가 퍼포먼스에 미칠 수 있는 잠재적 영향과 관련이 있다. 많은 연구에서는 인지 내용과 정서의 관련성, 그로 인한 정서와 퍼포먼스의 관련성을 강조했다. 증거가 시사하는 바에 따르면 자기 대화는 수행자의 자신감을 향상시킬 수 있다.

퍼포먼스 전 루틴

퍼포먼스에 긍정적 영향을 미치는 방법으로 널리 보고되는 특별한 방법은 퍼포먼스 준비와 퍼포먼스 전 루틴을 이용하는 것이다. 실제로 다양한 퍼포먼스 분야의 많은 연구에서 이러한 퍼포먼스 전 루틴이 퍼포먼스에 미칠 수 있는 긍정적 영향을 강조했다. 에이든 모런Aidan Moran(1996)은 퍼포먼스 전 루틴에 대해 구체적으로 "선수들이 특정 스포츠 기술을 수행하기 전에 체계적으로 몰두하는 일련의 업무 관련 생각 및 행위"(p. 177)라고 특징지었다.

더블린 대학교 심리학과의 모런 교수는 '방해 자극' 유형을 구체적으로 외부적인 것, 내부적인 것의 두 가지로 구분했다. 퍼포먼스 전 루틴의 긍정적 효과를 최대화하기 위해서는 이 두 방해 요소를 모두 고려해서 설계해야 한다. 윈체스터 대학의 스포츠 및 퍼포먼스 심리학자 스튜어트 코테릴(2015)은 퍼포먼스 전 루틴은 스포츠, 공연 예술, 사업 등 다양한 퍼포먼스 분야에서 채택되고 있다고 보고했다. 자신의 연구에서 연기, 공연 예술, 스포츠, 수술 등 다양한 퍼포먼스 분야의 수행자들을 인터뷰한 그는 퍼포먼스 분야별로 루틴의 구성은 달랐지만 기능은 비슷하다고 결론 내렸다.

퍼포먼스 전 루틴과 관련한 기존의 많은 연구 문헌에는 이러한 규칙적 루틴을 이용해 잠재적으로 퍼포먼스에 도움을 줄 수 있는 많은 방식이 제시되어 있다. 수행자가 집중할 수 있는 구체적 대상을 제공한다(따라서 방해 요소를 줄인다), 습관적 행동의 촉발제 역할을 한다, 부적절한 생각에 관심을 갖지 않게 한다, 요구되는 신체적·정신적 상태를 회상하는 능력을 강화한다, 기술의 작동 원리에 집중하는 것(분석에 의한 마비)을 예방한다, 불안감을 줄인다, 환경적 조건을 평가하고 그에 맞게 자신의 대응을 수정할 수 있게 한다 등이 그 예이다.

퍼포먼스를 위한 효과적 루틴 개발을 시도하면서 코테릴은 일반화된 양식을 수행하려고 하기보다 개별 수행자에게 구체적으로 필요한 것이 무엇인지에 초점을 맞추는 것이 중요하다고 강조했다. 이 과정에서 가장 중요한 요소는 수행자의 기존 행동을 이해하는 것이다. 기술 개발에 있어 초보자 단계가 아니라면 수행자는 이미 몸에 깊이 배어 있는 여러 퍼포먼스 전 행동이 있을 것이다. 그렇다면 스포츠 심리 상담가는 수행자의 기존 행동을 받아들여 계속 이용할 것인지 아니면 퍼포먼스에 더 도움이 될 수 있는 일련의 새로운 행동을 정해 줄 것인지를 결정해야 할 것이다. 이후에 발표한 연구 논문에서 코테릴(2011)은 전문 크리켓 선수의 퍼포먼스 전 루틴 개발에 대한 고찰을 통해 다음과 같은 6단계 접근법을 제시했다.

(1) 업무의 필수 요건 파악

(2) 동영상 퍼포먼스

(3) 기존 행동의 의미 명료화

(4) 각 행동 요소를 위한 기능 및 주안점 개발

(5) 새로운 퍼포먼스 전 루틴 구성

(6) 새로운 퍼포먼스 전 루틴 활용 연습

팀 퍼포먼스에 영향을 미치는 요인들

역할 명료성, 리더십, 접근 방식, 결속력, 팀 정서 등 다양한 심리적 요인이 팀 퍼포먼스에 영향을 미치는 요인으로 강조되었다.

구성원 역할의 명료성

팀 내에서 구성원들이 자신의 역할을 이해하는 것은 팀 퍼포먼스에 중요한 영향을 미치는 요인으로 계속 강조되었다. 캐나다 출신의 저명한 스포츠 심리학자 앨버트 캐런Albert Carron은 헤더 하우젠블라스Heather Hausenblas, 마크 아이즈Mark Eys와 공동 집필한 저서 『스포츠의 집단 역학Group Dynamics in Sport』(1998)에서 '역할'의 다양한 측면이 퍼포먼스에 미칠 수 있는 영향에 대해 설명했다. 역할과 퍼포먼스에 대한 이들의 시각에서 핵심적 사항은 서로 상반된 두 개념인 역할의 명료성과 모호성이다. 역할 명료성은 퍼포먼스를 촉진하는 반면 모호성은 퍼포먼스를 제한하는 요인으로 여겨진다. 가장 중요한 것은 역할 기대에 대한 소통

이 잘 이루어지는 것이다. 구체적 역할은 무엇인가? 그와 연관된 행동은 무엇인가? 성공은 어떤 모습일까? 물론 역할이 무엇인지 파악하는 것은 중요하지만 그 자체가 최종 목적은 아니다. 각 구성원에 의한 '역할 수용(자신의 역할을 이해하고 기꺼이 수행한다)', 그리고 궁극적으로 '역할 수행(요구되는 행동 수행과 성과)'이 이루어져야 한다. 또한 팀 내에서 다른 구성원의 역할을 이해하고 그러한 역할 및 관련 행동을 받아들여야 한다. 역할 모호성은 특정 역할에 관한 명확하고 일관된 정보가 부족한 것을 의미한다. 역할 모호성은 부정적 정서(부정적 기분이나 감정), 심리적 행복 감소, 퍼포먼스 효율성 감소 등 다양한 요인과 관련이 있는 것으로 나타났다. 역할 모호성에 대한 개념적 설명을 진전시킨 캐런과 동료들은 역할 모호성을 여러 요인에 대한 다차원적 개념으로 보았다. 즉 책임의 범위, 책임을 완수하기 위해 필요한 행동, 역할 책임을 어떻게 평가할지, 해당 역할을 수행하지 않을 때 어떤 결과가 따를지 등에 대한 모호성이 포함된다. 역할 모호성을 이해하기 위해서는 주관적 모호성인지, 객관적 모호성인지를 이해하는 것이 중요하다. 주관적 모호성이란 모호성에 대한 개인의 인식을 지칭하는 반면 객관적 모호성이란 퍼포먼스 환경에 존재하는 무언가를 가리킨다.

역할 갈등 또한 팀 퍼포먼스에 영향을 미칠 수 있는 개념이다. 역할 갈등은 개인에게 주어지는 여러 역할 기대가 서로 불일치(대립)하는 것을 의미한다. 여러 유형의 역할 불일치가 알려져 있으며 구체적으로는 역할 내 갈등, 메시지 송신자 간 갈등, 개인과 역할 간 갈등 등이 있다. 역할 내 갈등은 두 가지 이상의 상황이 서로 얽히며 상충하는 기대가 생겨나는 데서 비롯된다. 메시지 송신자 간 갈등은 역할에 대한 메시지를 보내는 두 명의 송신자가 서로 상충되는 메시지를 보내고 상이한 기대를 할 때 발생한다. 개인과 역할 간 갈등은 역할이 요구하는 바와 개인 수행자의 필요 및 가치가 양립할 수 없을 때 발생한다. 마지막으로, 팀 내에서 사람들이 하나 이상의 역할을 수행하는 것은 드문 일이 아니다. 정신적 여유가 충분히 있을 경우 문제가 되지 않지만 그렇지 않은 경우라면 '역할 과부하'의 가능성이 있다. 역할 과부하는 개인이 수행해야 하는 업무의 총량(예를 들어 담당하는 역할의 수)과 관계가 있기 때문에 역할 갈등 특유의 문제이다.

강력하고 효과적인 리더십의 필요성

리더십이란 개인과 집단이 특정 목표나 목적을 향해 나아가도록 영향을 미치는 과정, 어떤 일을 해야 하는지 아는 것, 다른 사람들이 그 일을 하기 위해 협력하도록 영향을 미치는 것이라고 정의된다. 훌륭한 리더는 훌륭한 계획자, 조직자, 의사 결정자이며 결정적으로 다른 사람들이 행동하도록 권한을 부여할 수 있다. 바람직한 리더십은 분야를 막론하고 팀 퍼포먼스 성공에 영향을 미치는 중요한 요소로 끊임없이 강조되었다. 많은 퍼포먼스 분야에서 특정 집단이나 팀의 리더십은 특히 중요하다. 본질적으로 리더십은 계층적(예를 들어, 관리자 및 감독자와 실무자)이거나 동료 중심적(예를 들어, 팀 주장, 하위 그룹 리더) 성격을 지닌다.

리더십이 발휘되는 과정과 리더의 효율성에 대해 정의하고 개념 설명을 시도하는 이론적 모델이 상당히 많지만 일반적으로 세 가지 주요 개념 즉, 리더의 본질, 리더가 이끄는 집단의 본질, 상황 및 맥락의 본질로 추릴 수 있다. 효과적인 리더십을 제대로 알기 위해서는 이 세 가지 요인의 상호 작용을 이해해야 한다. 각 리더의 특성이 리더가 이끄는 집단의 기대와 상황에 맞게 조정되면 이상적이겠지만 보통은 그렇지 않다. 그렇다면 최선의 타협점은 어떻게 찾을 수 있을까?

많은 요인들이 강력하고 효과적인 리더십에 영향을 받는 것으로 나타났다. 예를 들어 (적절한 행동과 인식에 대한) 모델링, 격려, 설득, 피드백, 팀 기능 향상을 통해 리더십이 팀 내 집단 효능감 인식에 직접적으로 영향을 미친다는 주장이 있다. 또한 팀 구성원에게 동기를 부여하고 영향을 줄 수 있는 능력은 물론 자신의 문제 해결 능력과 의사 결정 능력에 대해 자신감이 있는 리더는 팀 내 집단 효능감을 향상시킬 수 있다. 나아가 변혁적 리더는 팀 구성원 각자의 기여와 팀 이익을 위한 자기희생의 가치에 대한 인식을 높임으로써 집단 효능감에 좋은 영향을 미칠 수 있다.

팀 내 결속력은 어떤 영향을 끼치는가?

팀이나 집단을 주제로 다룬 문헌을 보면 결속력은 다양한 분야에서 팀 퍼포먼스와 연관이 있는 중요한 요인으로 강조된다. 앨버트 캐런과 동료들(2005)은 결속력이 "중요한 목적을 달성하고 팀 구성원의 정서적 요구를 충족시키기 위해 단결하고 단합하려는 집단의 성향을 보여 주는 역동적 과정"(p. 213)이라고 말했다. 관련 심리학 연구 문헌에서 자주 다루는 결속력의 두 가지 구체적 '유형'은 업무 결속력과 사회적 결속력이다. 업무 결속력은 팀이나 집단이 특정 목표와 목적을 위해 단합하는 정도이다. 반면 사회적 결속력은 팀이 사회적 상호 관계에서 단합하는 정도, 구성원 간의 관계에서 느끼는 만족감의 정도를 지칭한다. 연구 문헌에 제시된 사회적 결속력을 보여 주는 선행 요소로는 팀 내에 존재하는 사회적 연결망의 수준, 팀 구성원 사이에 존재하는 대인 관계의 패턴·견고성·수 등이 있다.

다양한 퍼포먼스 분야에 대한 많은 연구에서는 결속력과 퍼포먼스의 관계를 지속적으로 언급한다. 하지만 결속력과 퍼포먼스 사이의 인과 관계는 여전히 불분명하다. 결속력이 강하면 퍼포먼스의 수준이 향상되는 것인가, 아니면 퍼포먼스 수준의 향상과 성공으로 인해 결속력에 대한 인식이 높아지는 것인가? 실제로는 두 가지 모두 어느 정도 사실일 것이다. 연구 문헌에는 결속력과 팀 감정 사이의 흥미로운 관계도 보고되었다. 연구 결과에 따르면 강한 결속력은 활력 상승, 우울감 감소, 분노 감소, 긴장 감소와 관련이 있고 이 모든 사항은 간접적으로 퍼포먼스에 영향을 미칠 수 있다.

팀 감정

감정과 감정적 반응이 각 개인의 퍼포먼스에 영향을 미칠 수 있지만 '팀' 감정 또한 팀 퍼포먼스에 영향을 미칠 수 있다. 팀이나 집단의 감정과 관련한 이 같은 개념은 심리학 연구자인 재니스 켈리Janice Kelly와 시걸 바르세이드Sigal Barsade(2001)가 소집단과 작업 팀에서의 기분과 감정에 대한 조사를 통해 개발했다. 켈리와 바르세이드는 집단 감정을 "개개인으로부터 생겨나는 정서적 요소들의 효과와 집단 차원에서 생기는 정서적 상황의 요소들이 결합해서 생겨나는 집단의 정서[기분] 상태"라고 기술했다(p. 100). 이러한 설명에서는 개인 정서(감정, 기분, 감정 지능)와 팀 상황 간 상호 작용으로 인해 집단의 감정이 발생한다는 사실을 강조한다. 팀 내에서 각 수행자가 경험하는 정서적 상태는 다른 팀 구성원에게 전달되고 그 결과 집단 차원의 정서가 생겨난다. 증거가 시사하는 바에 따르면 각 개인은 팀 내 전반적인 감정 기류에 민감하며 그 결과 자신의 감정을 그에 맞게 수정한다는 사실을 알 수 있다. (다른 사람이 모두 슬프면 자신도 더 침울해진다.) 이와 같은 사실은 지극히 중요하다. 심리학 연구에서는 의사 결정, 계획, 아이디어의 체계화, 끈기, 문제 해결, 독창성 등 팀 기능의 주요 측면과 감정 사이의 연관 관계를 강조하기 때문이다. 따라서 팀 내에 적절하고 고무적인 감정 기류가 생기면 성공 가능성을 향상시킬 수 있다.

표 5.1 마음가짐에 관해 기억해야 할 핵심 사항

1. 성장형 마음가짐(연습을 통해 향상시킬 수 있다) 개발이 장기적으로 더 낫다.
2. 미래의 성공을 위해서는 노력이 핵심이다. 따라서 무엇을 달성할 수 있을지는 열정과 헌신이 결정할 것이다.
3. 퍼포먼스를 훌륭하게 수행할 때의 마음가짐이 어떤지 안다면 그러한 마음가짐을 보다 지속적으로 실현할 수 있는 방법을 찾아 실행할 수 있다.
4. 섭취하는 음식이 자신을 만든다. 건강한 식단과 알맞은 수분 섭취는 '예리한' 정신 상태를 유지할 수 있는 가장 확실한 방법이다.
5. 심리 기술은 퍼포먼스에 도움이 되며(예를 들어 목표 설정, 형상화, 이완 등), 기술이라는 점에서 연습을 많이 할수록 향상된다.

표 5.2 퍼포먼스를 향상시킬 수 있는 실용적 심리 전략

1. 낙관론자가 되라. 긍정적인 눈으로 바라볼 때 인생은 항상 더 좋아 보인다. (그렇다, 낙관론자가 될지는 자신이 선택할 수 있다.)
2. 연습과 퍼포먼스 사이의 상관관계를 보라. 경험에 비추어 보면 투자를 많이 할수록 결실이 더 크다.
3. 일이 잘 풀릴 때 자신이 무슨 행동을 했는지 생각해 보고 그대로 행동하라.
4. 숙면을 취하라. 더 많은 일을 처리할 수 있다. (그러므로 수면 계획을 세운다. 특히 여행 중일 때.)
5. 목표를 설정하라. 목표가 있으면 A 지점(시작점)에서 B 지점(자신이 도달하고자 하는 지점)까지 길을 알 수 있다.
6. 퍼포먼스와 인생에 큰 도움이 될 자신만의 이완 기술과 마음 챙김 기술을 개발하라.
7. 스스로에게 무슨 말을 하는지 파악하고(우리는 모두 우리 자신에게 이야기를 한다) 반드시 긍정적이고 힘이 되는 말을 하라.
8. 퍼포먼스 전 규칙적인 루틴을 개발하라. 생각할 거리가 생기고 원치 않는 생각은 차단할 수 있다.
9. 팀 내 구성원 모두가 자신이 해야 하는 역할을 정확히 파악하라. 모든 구성원이 동일하게 이해하고 있는지 확인해야 한다.
10. 자신의 감정이 퍼포먼스(개인 및 팀 퍼포먼스 모두)에 어떠한 영향을 미치는지 인식하고 어떻게 자신이 선호하는 감정(초조함보다는 흥분되는 감정)을 이끌어 낼 수 있을지 파악하라.

이러한 개념과 연결된 개념인 감정 전염은 한 사람이 경험하는 감정이 다른 사람에게 전달되는 현상을 묘사하기 위해 만들어진 용어이다. 연구에 따르면 부정적 감정은 긍정적 감정보다 더 쉽게 '전염'될 수 있다. 수많은 요인들이 이러한 전염 과정에 영향을 미치는 요인으로 언급된다. 예를 들어 어떤 사람이 얼마나 능숙한 감정 '송신자'인지, 사람들이 얼마나 능숙한 감정 '수신자'인지, 능숙한 감정 송신자들이 팀 내에서 중요하거나 중심적인 역할을 어느 정도로 맡고 있는지 등이 있다.

선 기술 개발, 후 압박 환경 연습의 2단계 전략 활용

초점을 개인적 차원에 맞출 것인지 팀 차원에 맞출 것인지에 따라 퍼포먼스에 결정적 영향을 미치는 다양한 요인이 있다. 따라서 퍼포먼스를 향상시키고자 하는 사람들은 2단계 전략을 채택해야 한다. 첫 번째 단계는 적절한 심리적 기술을 활용하기 위해 해당 능력을 기르는 것이다. 기본 기술이 개발되면 두 번째 단계는 점점 압박의 수위가 높아지는 연습 환경 속에서 이러한 주요 심리적 기술을 활용하고 시험하는 것이다. 이러한 '전쟁 열기 속에서의 시험' 방법은 기술을 충분히 습득했는지, 각 개인이(그리고 팀이) 적시에 이 심리적 기술을 효과적으로 활용할 수 있을지 알아볼 수 있는 가장 좋은 방법이다.

06

퍼포먼스를 위한 연습

흔히들 연습이 완벽함을 만들어 낸다고 말한다. 그러나 이는 엄밀히 말해 사실이 아니다. 연습은 지속성을 만들어 낸다. 그 결과 학습하고 연습한 것이 퍼포먼스의 토대가 되어 사람들이 중요한 때에 제대로 수행할 수 있는 것이다. 이 같은 사실이 간단하고 상식적으로 보이지만, 많은 수행자와 코치 및 지도자는 자신들이 설계한 연습에 이러한 원칙을 실제로 활용하지 않는 것 같다. 대부분의 수행자가 훈련을 통해 기술을 연습하지만, 실제 퍼포먼스 환경에서 이러한 기술을 수행하기 위한 연습은 하지 않는 것으로 보인다.

퍼포먼스가 이루어질 환경에 대비하지 않고, 실제와 똑같이 감정을 조절하는 연습을 하지 않고, 성공적 퍼포먼스에서 요구되는 것과 동일한 수준의 높은 기준을 설정하지 않으면, 압박감 속에서 퍼포먼스를 실행할 때의 성공 가능성에 부정적 영향을 미칠 수 있다. 연습은 전적으로 퍼포먼스를 대비하는 데 초점을 맞춰야 한다. 연습 때 행동이 실제 퍼포먼스 현장으로 옮겨진다는 증거가 있다. 그러므로 연습할 때 안 좋은 습관이 생기도록 내버려 두면 중요한 때에 치명적 실수를 할 확률이 높아질 수 있다. 6장에서는 어떻게 효과적 연습의 영향을 극대화하고 실제 퍼포먼스에서 느낄 압박감에 가장 효과적으로 대처할 수 있을지를 모색해 볼 것이다. 또한 팀 환경이 팀 기능과 최종적으로 팀 퍼포먼스에 미칠 수 있는 영향에 대해 살펴봄으로써 팀 중심의 퍼포먼스 분야에서 어떻게 퍼포먼스 성과를 극대화할 수 있을지에 대해서도 생각해 볼 것이다.

준비란 무엇인가?

준비(연습)란 정확히 말 그대로 퍼포먼스를 위해 준비 혹은 연습하는 것을 의미한다. 이렇게 구체적으로 퍼포먼스에 초점을 맞추어 연습하는 것은 기술 개발과는 다르다. 훌륭한 지도자, 코치, 수행자는 이 두 가지 유형의 연습을 분명히 구분할 것이다. 기술 개발은 인지(사고) 과정으로 수행자가 새로운 기술이나 새로운 기법을 실행하는 법을 배우는 것이다. 기술 학습 단계에서는 상대적으로 반복 연습량이 많고 수행자와 코치 및 지도자는 기술을 특정 방식으로 실행하도록 수행자의 뇌를 프로그래밍하려고 노력하는 것이 특징이다. 이 단계는 수행자 스스로 무엇을 하는지, 어떤 기분이 드는지 생각해야 하고 기술 실행을 잘한 경우와 못한 경우의 차이점을 파악해야 하는 인지(사고) 과정이기 때문에 수행자가 감당해야 하는 다른 요구 사항은 최소화해야 한다. 이에 비해 퍼포먼스 준비(또는 퍼포먼스를 위한 연습)는 이 동일한 기술들을 압박감 속에서 실행할 수 있도록 수행자의 능력을 개발하는 것이다. 하지만 여기서 반드시 기억해야 하는 사항은 기술 실행이 가장 중요하다는 사실이다. 기술을 충분히 습득하지 않았다면 압박감을 느끼며 이 기술을 수행하기란 매우 어려울 것이다.

퍼포먼스 준비의 목적은 (가능하다면) 실제 퍼포먼스 환경과 동일한 수준의 강도와 정확성으로 수행자의 기술을 시험하는 것이다. 연습과 준비 과정에서 학습하는 것은 실제 퍼포먼스 환경에서 성공적 퍼포먼스를 위해 필요한 것들이다. 압박감을 느끼면 사람들은 자신의 학습된 습관(습관적 반응)으로 되돌아가기 때문이다. 그 때문에 기술을 수정하는 것이 힘들 수 있다. 이는 사람들의 뇌에서 항상 이전에 학습한 기술에 대항해 싸움이 벌어지기 때문이다. 수행자의 기술을 충분히 변화시키려면 새로운 기술을 배울 (그리고 뇌를 새로 프로그래밍할) 시간이 충분이 주어져야 한다. 그런 후에야 이 새로운 기술이 실제 퍼포먼스 환경에서 실제로 효과를 낼 수 있다.

습관은 퍼포먼스에서 어떤 의미를 가지는가?

어떤 행위나 기술이 특정 방식으로 반복될수록 그 행위가 더 '강화'되고 그 결과 뇌에는 어떤 자극에 대해 특정 방식으로 반응하는 성향이 생겨난다. 반복이 지속됨에 따라 특정 방식으로 반응하는 뇌의 성향은 더 강해진다(습관). 이러한 반복은 자극과 반응의 연결 관계 및 습관적 반응 형성을 더욱 강화한다. 습관은 일반적으로 목표 지향적 자동화로 여겨지며, 습관적 행동은 뇌를 자극하는 신호를 계기로 시작된다. 습관을 이해하는 것이 그토록 중요한 이유는 습관이 우리 행동의 토대가 되기도 하고 우리의 행동을 결정짓기도 하기 때문이다. 심리학 연구자들은 과거에 행동이 반복적으로 수행되어 습관이 되면 사전 의도(무엇을 하고 싶은가)와 관계없이 반응이 일어난다고 말한다. 이러한 관계는 압박을 받는 상황에서는 특히 강력하다. 수행자가 다양한 행동 방식에 대해 충분히 생각할 수 있는 능력이 줄어들기 때문에 습관에 따라 반응할 가능성이 훨씬 높아진다. 그러므로 압박감 속에서 효과적으로 수행하는 데 도움이 되도록 반드시 올바른 습관을 형성하는 것이 중요하다. 일단 습관적 반응이 생겨나면 바꾸기가 매우 어렵다. 그 이유는 상당한 반복을 통해 습관이 형성되기 때문이다. 이러한 반복은 전체 학습 과정의 토대가 되고 행위가 반복될수록 자극과 특정 반응 간의 연관 관계는 더 강력해진다.

습관은 반복을 통해 형성된다

간단히 말해서 습관은 반복(연습)을 통해서 형성되고, 본질적으로 습관은 학습의 일부분이다. 연습을 더 많이 할수록 특정 방식의 행위(행동)가 더 지속적이고 습관적으로 변한다. 준비 과정의 연습과 학습은 실제 환경에서 실행되는 퍼포먼스의 토대가 된다. 연습으로 인한 좋은 습관과 나쁜 습관은 모두 어느 시점이 되면 실제 퍼포먼스에서도 나타날 것이다. (기술을 포함한) 모든 행위를 실행할 때 사람들은 행위의 긍정적 결과와 부정적 결과에 대해 학습한다. 해당 행위가 긍정적 결과를 내면 수행자가 그 행위를 반복할 확률이 더 높아진다. 그러므로 이전의 경험이 의사 결정에 강력한 영향을 미치며, 이러한 과정이 최종적으로 습관 형성의 기초가 된다. 습관의 강도는 긍정적 강화(달성)의 반복으로 인해 증가하기 때문에 경력 초기부터 성공을 거둔 수행자는 장기적으로 퍼포먼스에 제약이 될 수 있는 나쁜 습관이 생길 가능성이 존재한다. 이는 결국 미래의 자신이 잠재된 능력을 실행할 수 있는 가능성을 감소시킨다. 초기에 올바른 습관을 형성하기 위해 가장 숙련되고 유능한 지도자와 코치가 초보 수행자와 함께 작업해야 하는 이유이기도 하다. 압박감을 느끼며 수행하는 경우 조건이 맞아떨어지면 확립된 습관이 촉발된다.

나쁜 습관 지우기

'나쁜 습관을 어떻게 바꿀 것인가'라는 질문을 떠올릴 때 가장 효과적인 해답은 애초에 나쁜 습관을 만들지 않는 것이다. 도움이 되지 않는 답처럼 보일 수도 있지만 실제로 예방이 치료보다 훨씬 더 효과적이다. 그 이유는 습관이 상당한 반복을 통해 형성되기 때문이다. 반복은 전체 학습 과정의 기초가 되며, 무언가 더 반복될수록 더 깊이 새겨지고, 뇌는 더욱 '고착화'된다. 나쁜 습관을 '지우기' 위해서는 '덮어쓰기'를 하고 싶은 '좋은 습관'을 의도적으로, 나쁜 습관과 비슷한 정도로 반복해야 할 것이다. 또한 최대의 효과를 내기 위해 수행자는 얼마 동안 '실제' 환경에서 수행하는 것은 자제해야 한다. 그 이유는 사람에게는 압박감을 느끼면 이전에 학습된 기술로 되돌아가려는 성향이 있기 때문이다. 새로운 습관이 충분히 몸에 배지 않았다면 수행자가 자신의 나쁜 습관으로 되돌아갈 확률이 높고, 그 결과 나쁜 습관을 더욱 강화하여 새로운 '올바른' 습관을 형성하는 데 더 큰 지장을 초래한다. 또한 이러한 교정이 이루어지는 동안 퍼포먼스가 일정치 않은 기간이 있을 것이다. 따라서 나쁜 습관을 바꾸거나 바로잡고자 한다면 퍼포먼스 성과가 감소하는 경우가 있어도 그에 대한 대비를 하고 받아들여야 한다. (대부분의 수행자가 이를 받아들이기 힘들어 한다.) 뿐만 아니라 퍼포먼스가 이전 수준으로 회복될 것이라는 보장도 없다. 기술-학습 과정 중 얼마나 이른 시기에 나쁜 습관을 고치려고 하는지도 중요한 요인이다. 더 어릴 때, 더 일찍 나쁜 습관을 고치려는 시도를 할수록 성공 가능성은 더 커진다. 나이가 더 들고난 후나, 경험이 더 쌓이고 나서 이런 시도를 할수록 습관의 변화나 교정은 더 어려워진다. 그렇기 때문에 예방이 치료보다 낫다는 말이 딱 맞다. 처음부터 바르게 시작하는 것이 확실히 바람직한 선택이다.

준비와 퍼포먼스는 어떤 관계인가?

연습에 관해 기억해야 할 중요한 사항은, 뇌와 운동 시스템의 관점에서 보면 신체가 연습하고 있는 것은 퍼포먼스에 사용할 인지와 행동들이라는 점이다. 우리의 삶에서는 모든 것이 학습이며, 우리는 언제나 학습한다. 사람들은 대개 수업이나 개인 교습 시간, 학교 혹은 대학에 가는 것과 같이 우리가 '학습'이라고 지정한 시간만 생각한다. 하지만 뇌에 관한 한 학습의 '시작'과 '끝'은 구분할 수 없다. 반복이 언제 일어나든, 어떻게 일어나든 뇌는 반복되는 것에 단순히 반응할 뿐이다. 연습 때는 어떤 한 방식으로 행동했다가 퍼포먼스 환경에서는 다르게 행동하거나 수행하기를 기대하기가 매우 어렵다는 사실을 잘 보여 주기 때문에 이 사실은 매우 중요하다.

퍼포먼스를 위해 효과적으로 준비하고 열성적으로 연습하는 사람들은 연습의 강도도 높고, 자신이 달성하고자 하는 목표도 매우 구체적일 것이다. 통제력과 정확성을 더욱 향상시키기 위해 수행자 스스로 강행군을 하며, 때로는 실제 퍼포먼스 환경보다 연습 환경을 더 어렵게 만들려는 시도를 할 수도 있을 것이다. 이런 식으로 연습보다 실제 퍼포먼스에서 기술 실행이 더 쉽게 느껴지도록 만들 수 있다.

기술 실행에 있어 전문가가 되기 위해서는 많은 시간과 노력이 필요하다. 여러 번 반복하더라도 거의 결점이 없는 것이 전문성의 특징이다. 어떻게 실제 상황에서 압박감을 느끼며 이러한 기술을 실행할지 배우는 데는 많은 시간과 노력이 든다. 단지 반복만으로는 전문성을 확보할 수 없기 때문에 수행자는 반드시 올바른 조건과 난이도에서 기술 실행 강화를 위한 연습을 해야 한다. 일단 기술을 학습한 이후 다음 단계는 이러한 기술을 압박감 속에서 어떻게 적용할지 학습하는 것이다.

이때 고려해야 할 또 다른 중요한 사항은 특정 시기에 연습의 중점을 어디에 두어야 하는지와 관련이 있다. 기술 개발과 습관 형성이 목적이라면 수행자가 상대적으로 활기가 있을 때(너무 피로하지 않을 때) 연습하는 것이 가장 좋다. 피로는 사고력과 수행 능력을 감소시키고, 방해 요소를 차단하고 집중할 수 있는 능력 또한 감소시킨다. 기술 개발 및 기술 향상을 위한 양질의 연습은 지나치게 오래 할 필요가 없으며, 상대적으로 높은 수준의 퍼포먼스를 유지하기 위해 충분히 쉬고 회복할 수 있는 기회를 가져야 한다. 하지만 연습의 초점이 퍼포먼스를 위한 것으로 전환될 때는 다르다. 이제는 운동 기술이 필요한 수준으로 잘 학습되었다는 전제하에 이러한 기술을 더 현실적인 환경에서 시나리오에 의거해 시행할 수 있는 능력을 기르는 데 연습의 초점이 맞춰져야 한다. 대부분의 퍼포먼스 분야에서 퍼포먼스 중에 나타나는 한 가지 사실은 피로가 증가한다는 것이다. 실제보다 연습을 더 힘들게 만들 수 있는 방법은 신체적으로 탈진 상태를 만든 후에(예를 들어 러닝 머신이나 사이클링을 통해) 필요한 기술을 실행하는 것이다. 뇌와 신체가 이렇게 수행하도록 '강제하는 것'은 실제 환경이 고되고 진이 빠질 때를 대비해 '회복력'을 기르는 데 도움이 된다.

성공적인 퍼포먼스를 위한 준비 전략

효과적 전략을 개발할 수 있는 능력은 적어도 어느 정도는 실제 퍼포먼스 환경에 존재하는 어려움을 얼마나 잘 파악하는지에 달려 있다. 이러한 어려움이 제대로 파악되면 실제 퍼포먼스 환경의 제약과 영향 요인을 가능한 정확히 재현한 시나리오를 만들 수 있다. 하지만 선택된 전략의 초점을 어디에 맞출지는 수행자가 기술을 습득하는 중인지, 퍼포먼스를 연습하는 중인지에 따라 다르다. 기술을 습득하는 중이라면 기술 향상을 위해 반복을 해야 한다. 퍼포먼스를 연습하는 경우라면 퍼포먼스에서 요구되는 사항을 가능한 똑같이 설정하는 것에 중점을 두어야 한다. 대개 연습 시나리오를 가능한 실제와 똑같이 만드는 것은 각 수행자의 몫이다. 실제 퍼포먼스 환경을 벗어나서 설계되는 모든 사항은 절대 실제와 똑같지 않다. 따라서 수행자는 머릿속에 실제 시나리오를 만들고 필요한 수준의 강도로 퍼포먼스를 강행해야 한다. 압박이 없을 때는 누구나 완벽하게 수행할 수 있지만 중요한 순간에도 그럴 수 있을까? 가장 뛰어난 수행자는 준비 과정에서 머릿속에 구체적인 시나리오를 가지고 있고 어떤 결과를 내야 할지에 대해 명확히 알고 있을 것이다. 그리고 연습 때마다 이러한 목표치 대비 자신의 퍼포먼스를 평가해 보고 가장 좋은 결과가 나왔을 경우의 시나리오만 채택할 것이다. 이런 식으로 최고의 수행자는 기술 실행을 학습하고 알맞은 상황에서 적절하게 통제하며 그 기술을 어떻게 실행할지에 대해서도 학습한다.

이번 장을 시작하면서 언급했던 바와 같이 실제 퍼포먼스 환경에서 직면하게 될 어려움을 파악하면 수행자는 중요한 순간에 압박감을 느끼며 필요한 기술을 실행할 수 있는 능력을 향상시켜 미리 대비할 수 있다. 그렇다면 이를 위해 어떤 사항을 고려해야 할까? 우선 연습 환경이 실제 퍼포먼스 환경과 유사하게 설계될수록 좋다. 관객을 앞에 두고 무대에서 '총연습'을 하는 것이 가장 좋은 연습법이다. 하지만 이렇게 실제에 완전히 가까운 연습 시나리오를 실행하는 것이 굉장히 어렵고, 따라서 실제로 불가능한 일임을 감안하면 가능한 범위에서 '최상의' 시나리오에 어떻게 근접할 수 있을지 생각해 보아야 한다. 예를 들어 크리켓 경기에 대한 연구에 따르면 심판이 서 있는 자리에 아무도 세워 놓지 않으면 투수의 도움닫기가 완전히 달라진다. 따라서 심판 없이 연습하면 투수는 실제와 다른 경기 방법을 학습하게 된다. 연기자나 연주자에게 자신이 공연해야 하는 공간보다 넓거나 좁은 공간을 제공하면 그들은 자신에게 요구되는 것과 맞지 않는 방식을 개발할 수 있다.

결국 더 많은 생각을 하며 퍼포먼스를 해야 하고 그 결과 무언가 잘못될 확률이 증가한다. 그러므로 다시 원래 주제로 돌아가서, 최고의 성과를 내기 위해서는 연습에서 실제 퍼포먼스의 상황을 그대로 재현해야 한다. 퍼포먼스 환경에 존재하는 어려움을 잘 이해하는지 여부에 따라 대비를 더 잘할 수 있을지가 결정된다. 이러한 어려움을 이해하면 가능한 실제 상황을 정확히 재현한 시나리오와 어려움을 설정할 수 있다.

이번 장을 시작하면서 언급했던 바와 같이 실제 퍼포먼스 환경에서 직면하게 될 어려움을 파악하면 수행자는 중요한 순간에 압박감을 느끼며 자신이 학습한 기술을 실행할 수 있는 능력을 향상시켜 미리 대비할 수 있다. '실제' 퍼포먼스 환경과 관련한 또 다른 중요한 측면은 실제로 어떤 연습 환경을 선택하는가이다. 연습 환경이 실제 퍼포먼스 환경에 가까울수록 더 좋다. 따라서 물리적으로 유사한 환경에서 연습하는 것은 좋은 출발점이다. 연습 시나리오를 설계할 때 또 한 가지 중요한 사항은 실제와 최대한 유사하거나 혹은 더 강도 높은 환경적 조건을 만들어 내는 것이다. 퍼포먼스에서 어떠한 환경적 조건에 직면하게 될 것인가? 더울지 혹은 추울지, 실내일지 혹은 실외일지 등과 같은 조건을 생각해 본다. 어떻게 하면 이러한 상황에 가장 잘 대비할 수 있을 것인가?

퍼포먼스 준비와 관련해 앞서 언급했던 또 다른 중요한 측면은 시나리오 활용이다. 머릿속에 시나리오를 마련하는 데 있어 중요한 사항은 상황을 '상상'할 수 있는 능력이다. 어떤 수행자는 (시나리오와 연관된) 이미지를 구성하는 능력이 매우 탁월해서 심지어 눈을 뜬 상태로도 가능하다. 이들은 물리적 공간, 관객, 다른 수행자는 물론 날씨나 조명과 같은 예상 가능한 환경적 요인들까지 시각화할 수 있다. 상상은 지극히 내면적 성질을 띠기 때문에 이를 극복하기 위해서는 수행자가 시나리오를 말로 표현(크게 소리 내서 말하기)하여, 다른 사람들(예를 들어 코치)에게 시나리오를 알려 주고, 그 상황에서 성공은 어떤 모습일지 그려 보아야 한다. 이러한 방법을 통해 두 가지 주요 목적을 달성할 수 있다. 첫째, 수행자가 시나리오에 전념하게 해 준다. (무언가를 말로 표현하면 더 실제 같아진다.) 둘째, 다른 사람들이 시나리오에 근거해 수행자의 퍼포먼스를 객관적으로 평가할 수 있고 수행자는 연습에서 '대충' 넘어갈 수 없게 된다.

준비와 퍼포먼스 실행 연결하기

앞서 다루었듯이 연습에서 학습한 것을 실제 퍼포먼스로 전환시키기 위해서는 준비 환경이 퍼포먼스 환경을 최대한 반영해야 한다. 심리학자인 이곤 브런스윅Egon Brunswik(1956)은 퍼포먼스 환경에서 경험하게 되는 요구 사항을 연습에서 어느 정도로 재현하는지를 나타내기 위해 '대표성 설계'라는 용어를 만들었다. 브런스윅은 특히 실제 퍼포먼스에 존재하는 시각적 단서의 중요성을 강조하고 연습 환경에 동일한 시각적 단서가 있어야 한다고 말했다. 높은 수준의 퍼포먼스 달성을 목표로 하는 수행자, 지도자, 멘토, 지원 담당자에게 대표성 설계는 연습 및 준비 환경 설계와 동일한 개념이다.

준비와 퍼포먼스의 연관성과 '동일성'을 감안하면 여러 요인을 활용해 두 환경의 유사점을 탐구해 볼 수 있다. 이러한 생각을 어떻게 실행에 옮길 수 있는지에 대한 구체적인 예를 크리켓 경기에서 찾을 수 있다. 크리켓 훈련을 위해 규모를 축소해서 경기하는 방법이 개발되어 '배틀존Battlezone'이라고 명명한 사례가 있다(렌쇼Renshaw, 샤펠Chappell,

피츠제럴드Fitzgerald, 데이비슨Davison, 맥패디언McFadyen, 2010). 렌쇼와 동료들은 배틀존 훈련을 통해 선수들이 강도 높은 모의 경기 환경에서 크리켓에 적합한 기술을 습득할 수 있다고 제안했다. 이러한 훈련 환경은 학습된 기술을 시합에서 발휘하는 데 도움이 된다.

팀 퍼포먼스 환경

긍정적이고 힘이 되는 팀 환경 조성은 다양한 퍼포먼스 분야에서 팀의 발전과 성공적 퍼포먼스를 위해 중요하다. 특히 오랜 기간 동안 성공할 수 있는 팀을 만들려면 이러한 환경이 필요하다. 팀 환경 내에서 개인 수행자의 인식은 퍼포먼스와 만족감 등 개인의 다양한 성과에 중요한 영향을 미치는 것으로 나타났다. 실제로 심리학자 크리스토퍼 파커Christopher Parker, 보리스 발테스Boris Baltes, 스콧 영Scott Young과 동료들(2003)은 심리적 분위기를 다룬 연구 문헌에 대한 메타 분석을 통해 개인의 인식과 개인적 요인들(태도·행복·동기 부여·퍼포먼스 등) 사이의 분명한 연관 관계에 대해 강조했다. 개인의 인식은 개인 수행자의 심리적 분위기로 발전하고 심리적 분위기는 퍼포먼스 환경 및 관련 행동에 대한 인식의 토대가 된다. 이러한 개인들의 심리적 분위기가 융합되어 퍼포먼스 환경에 대한 더 높은 차원의 집단 인식이 될 수 있으며 집단 인식은 팀 전체의 행위와 성과의 근간이 되는 동시에 영향을 미치기도 한다.

긍정적 퍼포먼스 분위기 만들기

직업 심리학자인 마티스 슐트Matis Schulte, 체리 오스트로프Cheri Ostroff, 안젤로 키니키Angelo Kinicki(2006)는 긍정적인 심리 분위기를 형성하기 위한 중요한 출발점은 우선 심리적 분위기에 영향을 미치는 조직, 과정, 의사소통 등의 요인에 초점을 맞추는 것이라고 주장했다. 두 번째 단계는 심리적 분위기 인식에 영향을 미치는 요인으로 강조되는 역할 스트레스와 화합 부족, 직업적 어려움과 자율성, 리더십 지원 및 촉진, 퍼포먼스 집단의 협력, 친절, 따뜻함 등에 초점을 맞추는 것이다.

퍼포먼스 환경

러프버러 대학교의 스포츠 심리 연구자인 맷 페인Matt Pain과 크리스 하우드Chris Harwood(2008)는 퍼포먼스 환경의 범위를 일시적, 조직적으로 경기와 관련이 있는 영향 요인들로 개념화했다. 퍼포먼스 환경 내 모든 시점과 모든 근원에서 비롯된, 수행자에게 영향을 미칠 수 있는 모든 요인들을 아우르는 개념 설명을 통해 퍼포먼스 환경에 대한 총체적 차원의 폭넓은 이해가 가능해졌다. 이러한 환경적 영향 요인들은 심리적으로 긍정적인지 부정적인지와 상관없이 다양한 심리학 연구 문헌에서 퍼포먼스에 영향을 미치는 요인으로 강조되었다. 따라서 퍼포먼스 환경은 운동선수의 퍼포먼스에 영향을 주는 한, 조직 구조에서부터 동료와 감독자 간 친밀성에 이르기까지 다양한 영향을 아우르는 총체적 용어로 볼 수 있다. 그러므로 수행자에게 영향을 주는 모든 요인들은 퍼포먼스 환경의 일부분으로 정의될 수 있다.

스포츠 분야에서 페인과 하우드(2008)는 청소년 축구에 존재하는 총체적 퍼포먼스 환경을 깊이 이해하고자 했다.

그들은 연구에서 퍼포먼스 환경을 나타내는 여덟 가지 측면을 강조했다. 여기에는 사회적 요인, 신체적 요인, 심리적 요인, 전략적 요인, 계획과 조직, 발전 및 퍼포먼스 철학, 물리적 환경, 코칭이 포함된다. 사회적 요인은 팀에 존재하는 결속력의 수준과 수행자가 휴식 시간을 보내는 방식(무엇을 하는가)과 관련이 있다. 신체적 요인은 수행자가 신체적으로 얼마나 준비가 되었는지, 피로도, 회복 및 재생 전략 활용 등을 포함한다. 심리적 요인은 열의, 불안과 이완, 목표 설정 활용, 역경에 대응, 자신감 등을 포함한다. 전략적 요인은 전략적 준비 및 전략적 융통성의 수준 등을 포함한다. 계획과 조직은 환경이 어떻게 조직되는지, 전략적 목적이 무엇인지, 각 수행자가 어떻게 관리되는지 등을 포함한다. 발전 및 퍼포먼스 철학은 각 수행자가 어떻게 발전하는지, 각 수행자의 경험, 팀의 심리적 분위기에 중점을 둔다. 물리적 환경은 수행 환경, 훈련 환경, 숙소 및 여행 등의 요인을 고려한다. 마지막으로 코칭은 교육과 학습을 위해 채택된 방법, 피드백 제공 및 반영, 수행자-지도자 관계를 고려한다. 후속 연구에서 페인과 하우드는 효과적인 퍼포먼스 환경 설정을 위해 긍정적인 팀 리더의 존재, 강력한 팀 결속력, 원활한 팀 의사소통, 견고한 수행자-지도자 관계를 중요한 요인으로 강조했다.

당시 경영 자문 회사 레인포Lane 4에 재직 중이던 그레이엄 존스Graham Jones와 동료들(2009)은 다양한 퍼포먼스 분야에서 높은 수준의 퍼포먼스가 가진 주요 특징을 보여 주기 위한 모델을 개발했다. 사업, 군사, 스포츠 분야에 관해 발표된 연구 문헌을 폭넓게 검토하여 개발된 이 모델은 퍼포먼스에 영향을 미치는 세 가지 요인인 리더십, 퍼포먼스 조력 요인, 사람들로 구성되었다. 또한 팀 및 조직 풍토와 최종적으로 퍼포먼스를 결정하는 네 가지 요인으로 혁신, 행복, 성과, 내부 절차를 제시했다. 존스와 동료들은 이 맥락에서 리더의 역할은 팀과 각 구성원들이 잠재력을 발휘할 수 있는 상황을 강화하고 개발하는 것이라고 강조했다. 퍼포먼스 조력 요인으로는 통찰력, 지원, 도전 등이 있으며, 하위 범주로 세분화하면 정보, 수단, 장려책 등이 있다. 사람과 관련한 요인은 (표현에서 시사하듯이) 팀 구성원 각자의 특징, 특히 태도, 행동, 역량에 중점을 둔다. 조직 풍토의 요인은 구체적 요소인 성과, 행복, 혁신, 내부 절차에 초점을 맞추는데, 성과는 생산성과 목표 달성을 강조한다. 행복은 조직 내에서 사람들의 발전을 지향한다. 혁신은 독창성을 강조하고, 내부 절차는 환경을 지원하는 내부 조직과 절차에 초점을 맞춘다.

퍼포먼스 환경에 영향을 미치는 요인

인력 구성

많은 퍼포먼스 환경의 현실을 보면 관계자들(지원 담당자와 관리자 및 협력자 모두)의 참여 기간이 상대적으로 짧다. 그로 인해 대개 현재를 위한 계획과 미래를 위한 계획 사이에 갈등이 발생한다.

대부분 미래의 더 큰 잠재적 성과를 희생하여 단기 목표를 달성하라는 압력이 존재한다. 퍼포먼스 분야에서 조직이 직면한 도전 과제는 퍼포먼스 환경 개발 및 실현에서 어느 정도의 일관성과 지속성을 유지하는 것이다. 이를 위해 퍼포먼스 환경에 '적합한' 사람들을 적절한 시기에 신중하게 선택하여 인력 변화로 인해 큰 변화가 생기는 기간을 줄여야 한다.

갈등 관리

모든 집단 환경에서는 어느 시점에 가면 개인 또는 그룹 간의 갈등이 어쩔 수 없이 발생할 것이다. 그렇기 때문에 갈등이 발생했을 때 얼마나 잘 관리하고 해결하는지가 모든 퍼포먼스 환경에서 성공에 영향을 미치는 중요한 요인이다. 갈등은 잘 관리만 하면 매우 긍정적이고 도움이 되는 상태임을 인식하는 것도 중요하다. 갈등 관리의 목적은 갈등의 파괴적 측면은 제한하는 한편 긍정적 효과는 최대화하는 것이다. 코테릴(2012)은 팀 심리학에 관한 자신의 저서에서 다섯 가지 갈등 해소 기술로 협력, 대결, 순응, 회피, 타협을 제시했다. 협력은 당사자들이 자신의 견해를 밝히고 상대방의 견해를 경청한 후 협상을 통해 양쪽의 견해를 통합하여 해결책을 도출하는 것이다. 대결은 양 당사자가 상황 및 필요한 해결책에 대해 서로 다른 견해를 가졌음을 시사한다. 이러한 상황에서 한쪽이 다른 쪽을 설득해서 자신의 해결책을 채택하게 만든다. 순응은 양 당사자가 다른 견해를 가졌다고 해도 대안이 되는 해결책이 더 유리하다고 판단할 만한 전략적 이유가 있다고 가정한다. 회피는 명칭에서 알 수 있듯이 양 당사자가 갈등의 근본 원인이 되는 문제를 무시하려고 노력하는 것이 특징이다. 타협은 양 당사자가 다른 견해를 갖고 있어도 문제를 해결하기 위해 기꺼이 양보할 의사가 있음을 의미한다.

환경적 요인이 개인의 퍼포먼스에 미치는 영향과 인식의 중요성

퍼포먼스 환경에 대한 전반적인 생각에 영향을 미치는 요인은 다양하지만, 개인에게 영향을 미치는 정도는 이 요인들의 실질적 영향과 스스로 인식한 영향을 개인이 어떻게 수용하는지에 따라 달라진다. 자신이 인식한 영향을 평가하는 과정인 이른바 '평가 과정'은 상황과 그에 대한 개인의 반응을 연결하는 과정이다. 이 과정에서 감정이 적응 반응을 보인다(엘즈워스Ellsworth, 셰어Scherer, 2003). 이러한 시각을 바탕으로 심리학자 리처드 라자루스(2006)는 상황에 대한 반응은 개인 수행자나 퍼포먼스 환경 안에 존재하는 것이 아니라 수행자와 환경의 관계라고 말했다. 또한 라자루스는 평가 과정 이후에 감정이 어떻게 명확하게 나타나는

지를 설명하기 위한 모델을 제시했다. 이 모델에서는 관계, 동기 부여, 인지에 대한 세 가지 수준의 평가가 이루어지며, 이 결과가 개인이 경험하는 감정을 결정한다. 첫 번째 평가에서는 상황이 긍정적인지, 위험한지, 무관한지를 결정한다.

이때 상황에 대한 긍정적 평가는 긍정적 감정으로 이어지고 무관한 단서는 중요하게 인식되지 않기 때문에 주의를 끌지 않을 것이다. 첫 번째 평가에서 상황이 위험하다고 판단되면 그 단서는 어려운 도전, 위협, 피해, 손해로 인식될 것이다. 두 번째 평가 단계에서는 잠재적 위협인 이 상황을 처리하기 위해 개인이 이용할 수 있는 자원에 대해 평가한다. 자신이 특정 상황과 그와 연관된 어려움에 대처할 능력이 없다고 인식하면 불안감, 스트레스, 공포와 같은 부정적인 감정 반응을 경험할 것이다. 상황이 요구하는 사항에 대응할 자원을 자신이 충분히 갖추었다고 생각하면 도전할 만하다고 판단할 것이고, 동기 부여도 될 것이다. 위협적이라고 인식된 상황이 지속되고 그와 연관된 요구사항을 처리할 자원이 충분하지 않으면 부정적 감정이 계속 생겨날 것이다. 이 경우 개인의 퍼포먼스가 저하되거나 새로운 대응 전략을 개발 또는 실행해야 할 것이다.

스포츠 심리학자인 리치 닐Rich Neil, 셸던 핸턴Sheldon Hanton, 스티븐 멜라루Stephen Mellalieu, 데이브 플래처Dave Fletcher(2011)는 추가적 평가의 역할을 알아보는 연구를 진행했다. 이들은 연구 결과 감정 강도가 높은 스트레스 요인은 퍼포먼스를 저하시키는 반면, 감정 강도가 낮은 스트레스 요인은 퍼포먼스에 도움이 된다고 보고했다. 닐과 동료들은 또한 스트레스의 요인이 퍼포먼스인 경우에 더 큰 불안과 불확실성이 초래되지만, 조직과 관련한 스트레스 요인은 요구 사항에 대한 분노를 초래한다고 했다. 개인과 퍼포먼스 환경의 복잡한 관계를 한층 더 강조하는 결과로, 페인과 하우드(2008)는 개인이 겪는 감정적 반응의 강도는 개인마다 다른 것으로 보인다고 보고했다. 축구 선수들을 대상으로 한 그들의 연구에서 참가자의 거의 절반이 수면 부족을 부정적 감정의 요인으로 지목했다. 하지만 이들이 밝힌 수면 부족이 가진 부정적 정서의 중요도는 상당히 낮았으며 따라서 퍼포먼스에 미치는 영향도 미미할 수 있다. 팀의 결속력은 긍정적 정서에 있어 중요도가 강력한 것으로 나타났다. 따라서 팀의 사회적 요소인 결속력은 성공을 위해 매우 중요한 요인이 될 것이다.

두 번째 평가 단계 후 상황의 요구를 충족할 대응 자원이 충분치 않으면 개인은 적절한 대응 전략을 활용할 것이다. 퍼포먼스 환경 내에서 찾을 수 있는 대응 전략은 재평가와 일반 인지 전략, 사회적 지원 활용, 원치 않는 자극 차단, 성찰 등이 있다. 이러한 대응 전략과 대응 전략이 미칠 수 있는 영향을 이해하는 것이 중요한 이유는 다음과 같다. 일단 환경에서 비롯되는 심리적 영향 요인이 파악된 후에는 어떻게 부정적인 감정 반응을 퍼포먼스 결과를 향상시킬 수 있는 긍정적인 반응으로 전환시킬 수 있을지 파악해야 하기 때문이다. 한 발 더 나아가 심리학자인 조앤 대처

표 6.1 퍼포먼스 준비와 관련해 기억해야 할 핵심 사항

1. 연습(기술을 향상시키는 것)은 준비(그 기술들을 실제 환경에서 적용하는 법을 학습하는 것)와 다르다.
2. 압박감을 느끼면 학습된 습관으로 되돌아간다. 따라서 반드시 올바른 습관을 확립해야 한다.
3. 보통 나쁜 습관을 지우기는 어렵다.
4. 퍼포먼스 준비 환경이 실제 퍼포먼스 환경과 흡사할수록 퍼포먼스로의 전환이 더 잘된다.
5. 팀에서 한 사람의 감정은 전체 팀의 기분에 영향을 미칠 수 있다.

표 6.2 퍼포먼스 준비를 강화하기 위한 실용적 전략

1. 실제 퍼포먼스 수준으로 연습하라. 100% 다 발휘하라.
2. 연습 환경이 '실제'와 유사할수록 전환이 더 잘 이루어짐을 기억하라.
3. 연습과 준비의 차이를 반드시 이해하라.
4. 퍼포먼스는 고단한 일이다. 따라서 반드시 고단할 때도 연습하라.
5. 올바른 퍼포먼스 습관을 확립하라. (압박감을 느끼면 그 습관대로 되돌아간다.)
6. 최대한 실제처럼 하라(머릿속으로). 어리석은 실수를 허용하지 마라.
7. 팀은 더 짧게/최소한으로 각색한 퍼포먼스뿐 아니라 '전체' 퍼포먼스를 연습해야 한다.
8. 실제 퍼포먼스 상황을 재현하기만 한다면 연습 환경에 변화를 주는 것은 괜찮다(강도, 지속 시간, 필수 기술 등).
9. 통상적인 연습과 실제 퍼포먼스 사이에 퍼포먼스 준비 단계를 포함하라.
10. 평가 후 반복하라. (필요하다면 변화를 준다.)

Joanne Thatcher와 멜리사 데이Melissa Day(2008)는 스트레스 요인 자체보다는 퍼포먼스 환경 내 스트레스 요인의 근본적 성질(새로움, 예측 가능성, 사건의 불확실성, 위급, 지속, 일시적 불확실성, 모호성, 인생 주기에서의 타이밍)에 집중하는 것이 더 중요하다고 말했다.

최대한 실제와 비슷하게 연습하라

준비한 것을 퍼포먼스로 최대한 전환할 수 있는 연습을 설계하기 위해서는 퍼포먼스 환경 내에 존재하는 제약들을 이해하는 것이 중요하다. 이러한 제약이 유사하게 재현될수록 긍정적 전환이 이루어질 가능성이 더 커진다. 이를 효과적으로 실현하기 위해서는 퍼포먼스 환경 내 제약들의 성질과 제약이 존재하게 되는 여러 요인을 이해하고 최종적으로 퍼포먼스 환경이 어떤 것인지를 판단하는 것 또한 중요하다. 이러한 지식을 바탕으로 퍼포먼스 환경 내 제약 요인들에 사람들이 어떻게 반응하는지, 평가가 어떻게 이루어지는지, 평가로 인한 영향을 조정하기 위해 채택할 수 있는 전략은 무엇인지를 인식하는 것도 중요하다. 마지막으로, 퍼포먼스를 제약하는 모든 다양한 요인들을 종합적으로 이해하여 실제 퍼포먼스 환경을 가장 잘 재현하는 준비 활동을 설계할 수 있다.

감사의 말

이 책을 집필할 수 있게 지원해 준 루트리지 출판사Routledge Books의 모든 직원들에게 감사 인사를 전한다. 이 책과 다른 여러 작업을 진행하는 데 많은 도움을 준 러셀 조지Russell George에게도 특별히 감사의 말을 전하고 싶다. 또한 그동안 만나 왔던 다양한 퍼포먼스 분야의 모든 사람들 덕분에 이들이 어떤 활동을 하는지, 성공을 위해 무엇이 요구되는지를 더 깊이 이해할 수 있게 되어 감사하다.

추가자료

Aaron Williamon. (2004). *Musical Excellence: Strategies and Techniques to Enhance Performance*. Published by Oxford University Press.

Anders Ericsson, Neil Charness, Paul Feltovich, and Robert Hoffman. (2006). *The Cambridge Handbook of Expertise and Expert Performance*. Published by Cambridge University Press, New York, USA.

Carol S. Dweck. (2006). *Mindset: The New Psychology of Success (How We Can Fulfil Our Potential)*. Published by Ballantine Books, New York, USA.

Dave Collins, Angela Button, and Hugh Richards. (2011). *Performance Psychology: A Practitioner's Guide*. Published by Churchill Livingstone, London, UK.

Gerald Matthews, Roy Davies, Stephen Westerman, and Rob Stammers. (2000). *Human Performance: Cognition, Stress and Individual Differences*. Published by Psychology Press, Hove, UK.

Markus Raab, Babett Lobinger, Sven Hoffmann, Alexandra Pizzera, and Sylvain Laborde. (2015). *Performance Psychology: Perception, Action, Cognition, and Emotion*. Published by Elsevier Science Publishing.

Matthew Syed. (2011). *Bounce: The Myth of Talent and the Power of*

Practice. Published by Forth Estate publishing, UK.
Stewart Cotterill. (2017). *Performance Psychology: Theory and Practice*. Published by Routledge, Abingdon, UK.

참고문헌

Abraham, A., & Collins, D. (2011). Taking the next step: Ways forward for coaching science. *Quest*, 63, 366-384.

Anglone, B., Hass, R. W., & Cohen, M. (2016). Skill transfer in visual arts expertise. *Psychology of Aesthetics, Creativity, and the Arts*, 19(2), 147-156.

Araújo, D., Davids, K., & Hristovsk, R. (2006). The ecological dynamics of decision making in sport. *Psychology of Sport and Exercise*, 7, 653-676.

Bandura, A. (1971). *Social learning theory*. New York: General Learning Press.

Bandura, A. (1986). *Social foundations of thought and action: A social cognitive theory*. Englewood Cliffs, NJ: Prentice Hall.

Bandura, A. (1997). *Self-efficacy: The exercise of control*. New York: Freeman.

Barlow, D. H. (2000). Unravelling the mysteries on anxiety and its disorders from the perspective of emotion theory. *American Psychologist*, 55(11), 1247-1263.

Beaumont, C., Maynard, I. W., & Butt, J. (2015). Effective ways to develop and maintain Robust sport-confidence: Strategies advocated by sport psychology consultants. *Journal of Applied Sport Psychology*, 27, 301-318.

Bechara, A., Tranel, D., & Damasio, H. (2000). Characterization of the decisionmaking deficit of patients with ventromedial prefrontal cortex lesions. *Brain*, 123, 2189-2202.

Bernstein, N. (1967). *The co-ordination and regulation of movements*. Oxford: Pergamon Press.

Brunswik, E. (1956). *Perception and the representative design of psychological experiments* (Second ed.). Berkeley: University of California Press.

Cannon-Bowers, J. A., & Salas, E. (2001). Reflections on shared cognition. *Journal of Organizational Behavior*, 22, 195-202.

Carron, A. V., Hausenblas, H. A., & Eys, M. A. (2005). *Group dynamics in sport*. Morgantown, WV: Fitness Information Technology.

Christensen, W., Sutton, J., & Mcilwain, D. J. F. (2016). Cognition in skilled action: Meshed control and the varieties of skill experience. *Mind and Language*, 31, 37-66.

Collins, D., Button, A., & Richards, H. (2011). *Performance psychology: A practitioner's guide*. Edinburgh: Churchill Livingstone.

Collins, C. G., & Parker, S. K. (2010). Team capability beliefs over time: Distinguishing between team potency, team outcome efficacy, and team process efficacy. *Journal of Occupational and Organizational Psychology*, 83, 1003-1023.

Cotterill, S. T. (2011). Experiences of developing pre-performance routines with elite cricket players. *Journal of Sport Psychology in Action*, 2, 81-91.

Cotterill, S. T. (2012). *Team psychology in sport: theory and practice*. Abingdon: Routledge.

Cotterill, S. T. (2015). Preparing for performance: Strategies adopted across performance domains. *The Sport Psychologist*, 29, 158-170.

Cotterill, S. T. (2017). *Performance psychology: Theory and Practice*. Hove: Psychology Press.

Damasio, A. R. (1994). *Descartes' error: Emotion, reason, and the human brain*. New York: Putnam.

Dane, E., & Pratt, G. (2007). Exploring intuition and its role in managerial decisionmaking. *Academy of Management Review*, 32, 33-54.

Dreyfus, H. L., & Dreyfus, S. E. (1986). *Mind over machine: The power of human intuition and expertise in the era of the computer*. New York: Free Press.

Ellsworth, P. C., & Scherer, K. R. (2003). Appraisal processes in emotion. *Handbook of Affective Sciences*, 572-595.

Ericsson, K. A., Krampe, R. T., & Tesch-Romer, C. (1993). The role of deliberate practice in the acquisition of expert performance. *Psychological Review*, 100, 363-406.

Feltz, D. L. (1988). Self-confidence and sports performance. *Exercise and Sport Science Review*, 16, 423-458.

Filho, E., Aubertin, P., & Petiot, B. (2016). The making of expert performers at Cirque du Soleil and the National Circus School: A performance enhancement outlook. *Journal of Sport Psychology in Action*, 7(2), 68-79.

Fitts, P. M., & Posner, M. I. (1967). *Human performance*. Belmont, CA: Wadsworth.

Flavell, J. (1979). Metacognition and cognitive monitoring: A new area of cognitivedevelopmental inquiry. *American Psychologist*, 34, 906-911.

Fransen, K., Vanbeselaere, N., Exadaktylos, V., Vande Broek, G., De

Cuyper, B., Berckmans, D., Ceux, T., De Backer, M., & Boen, F. (2012). "Yes, we can!": Perceptions of collective efficacy sources in volleyball. *Journal of Sports Sciences*, 30(7), 641-649.

Gentile, A. M. (1972). A working model of skill acquisition with applications to teaching. *Quest*, 17, 3-23.

Gibson, J. J. (1986). *The ecological approach to visual perception*. Hillsdale, NJ: Erlbaum.

Gladwell, M. (2008). *Outliers: The story of success*. New York: Little, Brown, and Co.

Gobet, F., & Campitelli, G. (2007). The role of domain-specific practice, handedness, and starting age in chess. *Developmental Psychology*, 43, 159-172.

Hardy, J., Oliver, E., & Tod, D. (2009). A framework for the study and application of self-talk within sport. In S. D. Mellalieu & S. Hanton (Eds.), *Advances in applied sport psychology: A review* (pp. 37-74). London: Routledge.

Hasher, L., & Zacks, R. T. (1979). Automatic and effortful processes in memory. *Journal of Experimental Psychology: General*, 108, 356-388.

Hays, K. F. (2012). The psychology of performance in sport and other domains. In S. Murphy (Ed.), *The Oxford handbook of sport and performance psychology* (pp. 24-45). New York: Oxford University Press.

Hodges, N. J., & Baker, J. (2011). Expertise: The goal of performance development. In D. Collins, A. Button, & H. Richards (Eds.), *Performance psychology: A practitioner's guide*. London: Churchill Livingstone.

Jackson, S., & Csikszentmihalyi, M. (1999). *Flow in sports: The keys to optimal experiences and performances*. Champaign, IL: Human

Kinetics.
Jones, G., Gittins, M., & Hardy, L. (2009). Creating an environment where high performance is inevitable and sustainable: The high performance environment model. *Annual Review of High Performance Consulting*, 139-148.
Kabat-Zinn, J. (2003). Mindfulness-based interventions in context: Past, present, and future. *Clinical Psychology: Science and Practice*, 10, 144-156.
Kelly, J. R., & Barsade, S. G. (2001). Mood and emotions in small groups and work teams. *Organizational Behavior and Human Decision Processes*, 86(1), 99-130.
Kenny, D. T. (2005). A systematic review of treatments for music performance anxiety. *Anxiety, Stress and Coping*, 18(3), 183-208.
Kerr, R. (1982). *Perceptual motor learning*. Philadelphia: Saunders College Publications.
Kibele, A. (2006). Non-consciously controlled decision-making for fast motor reactions in sports: A priming approach for motor responses to non-consciously perceived movement features. *Psychology of Sport and Exercise*, 7, 591-610.
Kozbelt, S. A. (2001). Artists as experts in visual cognition. *Visual Cognition*, 8, 705-723.
Kozub, S. A., & McDonnell, J. F. (2000). Exploring the relationship between cohesion and collective efficacy in rugby teams. *Journal of Sport Behavior*, 23, 120-129.
Langer, E. J. (1989). *Mindfulness*. Cambridge, MA: Da Capo Press.
Langer, E. J., & Moldoveanu, M. (2000). The construct of mindfulness. *Journal of Social Issues*, 56(1), 1-9.
Larsen, C. H., Alfermann, D., Henriksen, K., & Christensen, M. K.

(2013). Successful talent development in soccer: The characteristics of the Environment. *Sport, Exercise and Performance Psychology*, 2(3), 190-206.

Lazarus, R. S. (2006). *Stress and emotion: A new synthesis*. New York: Springer Publishing Company.

Lazarus, R. S., & Folkman, S. (1984). *Stress, appraisal, and coping*. New York: Springer.

Lerner, J. S., & Tiedens, L. Z. (2006). Portrait of the angry decision maker: How appraisal tendencies shape anger's influence on cognition. *Journal of Behavioral Decision Making*, 19(2), 115-137.

Logan, G. D. (1988). Toward an instance theory of automatization. *Psychological Review*, 95, 492-528.

Malouff, J. M., & Schutte, N. S. (2016). Can psychological interventions increase optimism? A meta-analysis. *The Journal of Positive Psychology*, 11, 1-11.

Martha, C., Sanchez, X., & Gomà-i-Freixanet, M. (2009). Risk perception as a function of risk exposure amongst rock climbers. *Psychology of Sport and Exercise*, 10, 193-200.

Masters, R. S. W. (1992). Knowledge, Knerves and know-how: The role of explicit versus implicit knowledge in the breakdown of a complex motor skill under pressure. *British Journal of Psychology*, 83, 343-358.

Matthews, G., Davies, D. R., Westerman, S. J., & Stammers, R. B. (2000). *Human performance: Cognition, stress and individual differences*. Hove: Psychology Press.

McPherson, S. L., & Kernodle, M. W. (2003). Tactics the neglected attribute of expertise. In J. L. Starkes & K. A. Ericsson (Eds.), *Expert performance in sports* (pp. 137-168). Champaign, IL: Human

Kinetics.
Moen, B., & Rundmo, T. (2005). Predictors of unrealistic optimism: A study of Norwegian risk takers. *Journal of Risk Research*, 8, 363-382.
Moran, A. P. (1996). *The psychology of concentration in sports performers: A cognitive analysis*. Hove: Psychology Press.
Morris, T., Spittle, M., & Watt, A. P. (2005). *Imagery in sport*. Leeds, England: Human Kinetics.
Neil, R., Hanton, S., Mellalieu, S. D., & Fletcher, D. (2011). Competition stress and emotions in sport performers: The role of further appraisals. *Psychology of Sport and Exercise*, 12(4), 460-470.
Pain, M. A., & Harwood, C. G. (2008). The performance environment of the England youth soccer teams: A quantitative investigation. *Journal of Sport Science*, 26(11), 1157-1169.
Parker, C. P., Baltes, B. B., Young, S. A., Huff, J. W., Altmann, R. A., LaCost, H. A., & Roberts, J. E. (2003). Relationships between psychological climate perceptions and work outcomes: A meta analysis review. *Journal of Organizational Psychology*, 24, 389-416.
Perry, P. (2011). *Concept analysis: Confidence/ self-confidence*. Azusa, CA: Blackwell Publishing.
Phillips, W. J., Fletcher, J. M., Marks, A. D. G., & Hine, D. W. (2016). Thinking styles and decision making: A meta analysis. *Psychological Bulletin*, 142(3), 260-290.
Raab, M. (2007). Think SMART, not hard-a review of teaching decision making in sport from an ecological rationality perspective. *Physical Education and Sport Pedagogy*, 12(1), 1-22.
Raab, M., & Laborde, S. (2011). When to blink and when to think. *Research quarterly for exercise and sport*, 82(1), 89-98.

Raab, M., Lobinger, B., Hoffmann, S., Pizzera, A., & Laborde, S. (2016). *Performance psychology: Perception, action, cognition, and emotion*. London: Academic Press.

Renshaw, I., Chappell, G., Fitzgerald, D., Davison, J., & McFadyen, B. (2010). The Battle Zone: Constraint-led coaching in action. In M. Portus (Ed.), *Conference of science, medicine and coaching in cricket* (pp. 181-184). Sheraton Mirage, Gold Coast, Queensland, Australia, June 1-3.

Reyna, V. F., & Brainerd, C. J. (2011). Dual processes in decision making and developmental neuroscience: A fuzzy-trace model. *Developmental Review*, 31(2), 180-206.

Schulte, M., Ostroff, C., & Kinicki, A. J. (2006). Organizational climate systems and psychological climate perceptions: A cross-level study of climate-satisfaction relationships. *Journal of Occupational and Organizational Psychology*, 79, 645-671.

Short, S., & Ross-Stewart, L. (2009). A review of self-efficacy based interventions. In S. D. Mellalieu & S. Hanton (Eds.), *Advances in applied sport psychology*. Abingdon: Routledge.

Syed, M. (2010). *Bounce: Mozart, Federer, Picasso, Beckham, and the science of success*. New York: HarperCollins.

Thatcher, J., & Day, M. C. (2008). Re-appraising stress appraisals: The underlying properties of stress in sport. *Psychology of Sport and Exercise*, 9(3), 318-335.

Thomas, J. R., French, K. E., & Humphries, C. A. (1986). Knowledge development and sport skill performance: Directions for motor behaviour research. *Journal of Sport Psychology*, 8, 259-272.

Thomas, O., Lane, A., & Kingston, K. (2011). Defining and contextualizing robust sport-confidence. *Journal of Applied Sport*

Psychology, 23, 189–208.

Weber, E. (2006). *Constructing preferences from memory*. New York: Cambridge University Press.

Westen, D., & Blagov, P. S. (2007). A clinical-empirical model of emotion regulation: From defense and motivated reasoning to emotional constraint satisfaction In J. J. Gross (Ed.), *Handbook of emotion regulation* (pp. 373–392). New York: Guilford Press.

Wihelmsson, A., Dekker, S., & Hummerdal, D. (2013). Learning from failure. In J. D. Lee & A. Kirlik (Eds.), *The Oxford handbook of cognitive engineering*. New York: Oxford University Press.